"十四五"国家重点出版物出版规划项目
交通运输科技丛书·公路基础设施建设与养护
跨海交通集群工程智能化运维系列丛书

跨海集群工程维养决策系统

景强 梁鹏 孙守旺 董优 李东洋 著

人民交通出版社
北京

内 容 提 要

本书依托国家重点研发计划项目"港珠澳大桥智能化运维技术集成应用"部分研究成果编写,是"跨海交通集群工程智能化运维系列丛书"中的一本。

本书主要介绍了港珠澳大桥的智能维养技术。一是,介绍了研究背景和研究现状以及本书主要内容;二是,从数据模型构建标准和构建方法两个方面介绍了港珠澳大桥跨海集群工程数据模型的构建,并介绍了数据模型的应用;三是,从知识表示、知识抽取、知识融合与存储等方面介绍了跨海集群工程维养领域知识库的构建,并对领域知识库成果进行重点介绍;四是,介绍了桥岛隧病害检测、技术状况评定、综合评估方法以及性能预测和养护决策模型;五是,介绍了港珠澳大桥智能维养系统的架构和各业务模块;六是,总结了本书在理论方法、技术开发和工程应用方面的创新。

本书可供交通基础设施运维领域的科研工作者、运营管理者以及工程师参考。

图书在版编目(CIP)数据

跨海集群工程维养决策系统 / 景强等著. —北京:
人民交通出版社股份有限公司, 2024.9. — (跨海交通
集群工程智能化运维系列丛书). — ISBN 978-7-114
-19821-2

Ⅰ. U448.19

中国国家版本馆 CIP 数据核字第 2024XA5114 号

Kuahai Jiqun Gongcheng Weiyang Juece Xitong

书　　名:	跨海集群工程维养决策系统
著 作 者:	景　强　梁　鹏　孙守旺　董　优　李东洋
责任编辑:	石　遥　李　农　刘永超
责任校对:	赵媛媛　龙　雪
责任印制:	刘高彤
出版发行:	人民交通出版社
地　　址:	(100011)北京市朝阳区安定门外外馆斜街 3 号
网　　址:	http://www.ccpcl.com.cn
销售电话:	(010)85285857
总 经 销:	人民交通出版社发行部
经　　销:	各地新华书店
印　　刷:	北京市密东印刷有限公司
开　　本:	787×1092　1/16
印　　张:	12.75
字　　数:	207 千
版　　次:	2024 年 9 月　第 1 版
印　　次:	2024 年 9 月　第 1 次印刷
书　　号:	ISBN 978-7-114-19821-2
定　　价:	80.00 元

(有印刷、装订质量问题的图书,由本社负责调换)

交通运输科技丛书编审委员会

(委员排名不分先后)

顾　问：王志清　汪　洋　姜明宝　李天碧
主　任：庞　松
副主任：洪晓枫　林　强
委　员：石宝林　张劲泉　赵之忠　关昌余　张华庆
　　　　郑健龙　沙爱民　唐伯明　孙玉清　费维军
　　　　王　炜　孙立军　蒋树屏　韩　敏　张喜刚
　　　　吴　澎　刘怀汉　汪双杰　廖朝华　金　凌
　　　　李爱民　曹　迪　田俊峰　苏权科　严云福

跨海交通集群工程智能化运维系列丛书
编审委员会

主　　　任：郑顺潮

副 主 任：（排名不分先后）

　　　　　陈　纯　　张建云　　岳清瑞　　叶嘉安
　　　　　滕锦光　　宋永华　　戴圣龙　　沙爱民
　　　　　方守恩　　张劲泉　　史　烈　　苏权科
　　　　　韦东庆　　张国辉　　莫垂道　　李　江
　　　　　段国钦　　景　强

委　　　员：（排名不分先后）

　　　　　汤智慧　　苗洪志　　黄平明　　潘军宁
　　　　　杨国锋　　蔡成果　　王　罡　　夏　勇
　　　　　区达光　　周万欢　　王俊骅　　廖军洪
　　　　　汪劲丰　　董　玮　　周　波

《跨海集群工程维养决策系统》编写组

丛书总主编：景　强

主　　　编：景　强　梁　鹏　孙守旺　董　优

　　　　　　李东洋

参　　　编：（排名不分先后）

　　　　　　李书亮　夏子立　周永川　张　建

　　　　　　张　阳　李洁玮　胡银洲　陈　忠

　　　　　　刘　彬　罗谷安　张金星　张永军

编 写 单 位：港珠澳大桥管理局

　　　　　　长安大学

　　　　　　云基智慧工程股份有限公司

　　　　　　香港理工大学

总序 GENERAL FOREWORD

科技是国家强盛之基，创新是民族进步之魂。中华民族正处在全面建成小康社会的决胜阶段，比以往任何时候都更加需要强大的科技创新力量。党的十八大以来，以习近平同志为核心的党中央做出了实施创新驱动发展战略的重大部署。党的十八届五中全会提出必须牢固树立并切实贯彻创新、协调、绿色、开放、共享的发展理念，进一步发挥科技创新在全面创新中的引领作用。在最近召开的全国科技创新大会上，习近平总书记指出要在我国发展新的历史起点上，把科技创新摆在更加重要的位置，吹响了建设世界科技强国的号角。大会强调，实现"两个一百年"奋斗目标，实现中华民族伟大复兴的中国梦，必须坚持走中国特色自主创新道路，面向世界科技前沿、面向经济主战场、面向国家重大需求。这是党中央综合分析国内外大势、立足我国发展全局提出的重大战略目标和战略部署，为加快推进我国科技创新指明了战略方向。

科技创新为我国交通运输事业发展提供了不竭的动力。交通运输部党组坚决贯彻落实中央战略部署，将科技创新摆在交通运输现代化建设全局的突出位置，坚持面向需求、面向世界、面向未来，把智慧交通建设作为主战场，深入实施创新驱动发展战略，以科技创新引领交通运输的全面创新。通过全行业广大科研工作者长期不懈的努力，交通运输科技创新取得了重大进展与突出成效，在黄金水道能力提升、跨海集群工程建设、沥青路面新材料、智能化水面溢油处置、饱和潜水成套技术等方面取得了一系列具有国际领先水平的重大成果，培养了一批高素质的科技创新人才，支撑了行业持续快速发展。同时，通过科技示范工程、科技成果推广计划、专项行动计划、科技成果推广目录等，推广应用了千余项科研成果，有力促进了科研向现实生产力转化。组织出版"交通运输建设科技丛书"，是推进科技成果公开、加强科技成果推广应用的一项重要举措。"十二五"期间，该丛书共出版72册，全部列入"十二五"国家重点图书出版规划项目，其中12册获得国家出版基金支持，6册获中华优秀出版物奖图书提名奖，行业影响力和社会知名度不断扩大，逐渐成为交通运输高端学术交流和科技成果公开的重要平台。

"十三五"时期，交通运输改革发展任务更加艰巨繁重，政策制定、基础设施建设、运输管理等领域更加迫切需要科技创新提供有力支撑。为适应形势变化的需要，在以往工作的基础上，我们将组织出版"交通运输科技丛书"，其覆盖内容由建设技术扩展到交通运输科学技术各领域，汇集交通运输行业高水平的学术专著，及时集中展示交通运输重大科技成果，将对提升交通运输决策管理水平、促进高层次学术交流、技术传播和专业人才培养发挥积极作用。

当前，全党全国各族人民正在为全面建成小康社会、实现中华民族伟大复兴的中国梦而团结奋斗。交通运输肩负着经济社会发展先行官的政治使命和重大任务，并力争在第二个百年目标实现之前建成世界交通强国，我们迫切需要以科技创新推动转型升级。创新的事业呼唤创新的人才。希望广大科技工作者牢牢抓住科技创新的重要历史机遇，紧密结合交通运输发展的中心任务，锐意进取、锐意创新，以科技创新的丰硕成果为建设综合交通、智慧交通、绿色交通、平安交通贡献新的更大的力量！

2016年6月24日

序 | FOREWORD |

自 21 世纪伊始，我国交通建设事业蓬勃发展，特别是在跨海交通基础设施领域取得了举世瞩目的成就。如今，我国已拥有多座标志性的跨海交通设施，且未来的规划蓝图更为宏伟。这些跨海交通设施不仅连接了祖国的海疆，更承载了民族复兴的伟大梦想。随着这些项目的建成，如何确保它们的长期安全运营和高效维护，已成为摆在我们面前的重大课题。

港珠澳大桥，作为集桥、岛、隧于一体的跨海集群工程典范，是我国近年来交通基础设施建设领域的重大标志性工程。该书以港珠澳大桥为蓝本，深入剖析其智能维养业务的创新实践，对于提升我国跨海交通基础设施的运维管理水平具有重要的参考价值。

在传统交通基础设施运维中，养护管理信息化与养护决策智能化的不足已成为制约行业发展的瓶颈。同时，传统的维养决策多依赖于经验性判断，缺乏科学的数据分析和知识支撑，这很大程度上影响了决策的有效性和精准性。特别是在设施性能评估方面，桥岛隧技术状况评定和综合评估理论亟待完善。针对这些问题，课题组通过建立跨海集群工程数据模型和维养领域知识库，打造了港珠澳大桥智能维养的数字底座和知识底座。同时，完善或提出了桥梁、沉管隧道和人工岛的技术状况评定方法，并提出了桥岛隧一体化评估方法，实现了港珠澳大桥全设施要素、多性能维度的综合评估。此外，基于维养领域知识库，建立了跨海集群工程的性能演变模型和维养决策模型，助力实现维养决策由经验性决策向"数据+知识"双轮驱动的决策迈进；基于数据模型，研发了港珠澳大桥智能维养系统，不仅为港珠澳大桥的智能维养提供了有力支撑，也为我国跨海交通基础设施的运维管理提供了重要参考。

该书以港珠澳大桥为案例,展示了智能维养的创新实践与发展前景。对于推动我国交通基础设施运维管理事业的进步与发展,具有重要的理论价值和实践指导意义,同时也为相关研究领域的学者和工程师提供有益的参考。

2024 年 5 月 1 日

前言 PREFACE

　　港珠澳大桥地处珠江口伶仃洋海域，是现今世界上建设规模最大、运营环境最复杂的跨海集群工程，代表了我国跨海集群工程建设的最高水平。为攻克跨海重大交通基础设施智能运维技术瓶颈，示范交通行业人工智能和新基建技术落地应用，港珠澳大桥管理局统领数十家参研单位，依托国家重点研发计划"港珠澳大桥智能化运维技术集成应用"、广东省重点领域研发计划"重大跨海交通集群工程智能安全监测与应急管控"、交通运输领域新型基础设施建设重点工程"数字港珠澳大桥"、交通强国建设试点任务"用好管好港珠澳大桥"等开展技术攻关，将港珠澳大桥在智能运维方面的积极探索以关键技术的方式进行提炼，共同撰写了"跨海交通集群工程智能化运维系列丛书"。丛书的出版，对促进传统产业与新一代信息技术融通创新具有重要意义，为国内外跨海集群工程智能化运维提供了丰富的借鉴和参考。

　　港珠澳大桥所处自然环境恶劣、建设规模宏大、工程元素多样、结构形式复杂、维养的可到达性低，因此，港珠澳大桥的运维难度和相应的工作量都是常规交通设施难以比拟的。常规的运维手段难以高效适用于港珠澳大桥，需要引入新技术、新方法来有效管理大桥的运营，以助力港珠澳大桥的智能维养决策。

　　本书内容主要涉及港珠澳大桥跨海集群工程的资产管理与维养决策，集中汇聚了依托国家重点研发计划"港珠澳大桥智能化运维技术集成应用"、交通运输领域首批新型基础设施重点工程"数字港珠澳大桥"等重大项目所取得的创新科技成果。在数据知识方面，本书构建了港珠澳大桥三维信息模型为数字底座，关联各业务子系统，以满足各子系统应用需求，实现数据的互通互联，同时为其他子系统提供数据支撑;建立了构件、病害、检测方法、处治措施、养护定额和养护工程质量检验评定标准等维养知识库,为港珠澳大桥智能维养提供"知识底座"。在检测评定方面,本书通过各类智能化的检测业务流程,综合病害信息判定设施病害标度,保障采集高质量的病害信息;建立了桥岛隧一体化评估技术体系,引入桥岛隧适应性评定指标,通过多属性效用方程,将各类指标通过加权评价,全面准确地评估桥岛隧的真实服役性能。在维养决策方面,本书运用历史数据建立结构性能退化模型从而预测结构未来状况,并以维养知识库为基础,建立了养护策略的优先排序模型和决策优化模型。在维养系统方面,本书基于港珠澳大桥的维养业务特点和管理需求,梳理了系统的核心业务、应用模块和技术体系,建立了港珠澳大桥智能维养系统。

本书分为 7 章:第 1 章介绍了研究背景、研究现状和本书主要内容,分析了国内外跨海集群工程在智能维养方面存在的问题和一些应用现状;第 2 章全面介绍了港珠澳大桥桥岛隧数据模型构建标准和构建方法,模型满足各应用场景的需求;第 3 章介绍了跨海集群工程维养领域知识表示、知识抽取、知识融合和存储方法,为后续基于知识图谱的应用开发提供数据支持;第 4 章介绍了桥岛隧病害检测业务、桥岛隧技术状况评定以及综合评估方法;第 5 章介绍了两种性能演化模型和养护策略的优先排序模型和决策优化模型;第 6 章介绍了智能维养决策系统的各功能模块以及系统在港珠澳大桥上的应用效果;第 7 章总结了本书在理论方法、技术开发和工程应用方面的创新。

本书在港珠澳大桥管理局的组织领导下完成,汇聚了长安大学、云基智慧工程股份有限公司、香港理工大学等多家单位多年以来的研究成果。

限于作者的水平和经验,书中错漏之处在所难免,恳请读者批评指正。

作 者
2024 年 6 月

目录 CONTENTS

第1章 绪论

1.1　研究背景 …………………………………………………… 002
1.2　研究现状 …………………………………………………… 003
　　1.2.1　桥岛隧数据模型 ……………………………………… 003
　　1.2.2　知识图谱 ……………………………………………… 004
　　1.2.3　桥岛隧技术状况评定 ………………………………… 007
　　1.2.4　桥岛隧综合评定 ……………………………………… 010
　　1.2.5　智能维养决策系统 …………………………………… 011
1.3　本书主要内容 ……………………………………………… 014
本章参考文献 …………………………………………………… 015

第2章 跨海集群工程数据模型

2.1　概述 ………………………………………………………… 022
　　2.1.1　现状调研 ……………………………………………… 022
　　2.1.2　需求分析 ……………………………………………… 023
　　2.1.3　工程数据模型 ………………………………………… 025
2.2　数据模型构建标准 ………………………………………… 025

2.2.1　结构解析标准 ·· 025
　　2.2.2　智能运维数据标准 ·· 040
2.3　数据模型构建方法 ··· 041
　　2.3.1　多专业协同 ·· 043
　　2.3.2　模型轻量化 ·· 044
　　2.3.3　三维数据瓦片化 ·· 045
2.4　数据模型应用 ·· 046
　　2.4.1　数据模型服务平台 ·· 046
　　2.4.2　数据模型典型应用 ·· 047
2.5　本章小结 ·· 050

第3章 跨海集群工程维养领域知识库

3.1　概述 ··· 052
3.2　基于知识图谱的知识库构建技术 ···································· 053
　　3.2.1　基于模糊本体的知识表示方法 ································· 053
　　3.2.2　面向非结构化文本的知识抽取 ································ 054
　　3.2.3　基于加权余弦相似度的实体对齐方法 ······················· 062
　　3.2.4　知识存储策略 ·· 067
3.3　港珠澳大桥维养领域知识库 ·· 068
　　3.3.1　总体介绍 ·· 068
　　3.3.2　病害知识库 ··· 070
　　3.3.3　维养领域知识的可视化查询 ··································· 084
3.4　本章小结 ·· 086
本章参考文献 ··· 087

第4章 桥岛隧检测评定与综合评估

4.1　桥岛隧病害检测 ·· 090
4.2　桥岛隧技术状况评定 ·· 092
　　4.2.1　桥梁技术状况评定方法 ··· 092

  4.2.2 人工岛技术状况评定方法 109
  4.2.3 沉管隧道技术状况评定方法 112
 4.3 **桥岛隧综合评估** 118
  4.3.1 粒计算简介 118
  4.3.2 基于粒计算的桥岛隧一体化评估理论 120
  4.3.3 设施性能指标体系 121
 4.4 **本章小结** 124

第 5 章　港珠澳大桥维养决策模型

 5.1 概述 126
 5.2 性能演化模型 128
  5.2.1 马尔科夫状态转移模型 128
  5.2.2 韦伯退化模型 132
 5.3 维养决策模型 135
  5.3.1 优先排序模型 136
  5.3.2 维养规划模型 140
 5.4 本章小结 146
 本章参考文献 146

第 6 章　港珠澳大桥智能维养系统

 6.1 概述 150
 6.2 系统架构 151
 6.3 资产管理模块 155
  6.3.1 土建结构 155
  6.3.2 机电设备 155
  6.3.3 维养装备 158
  6.3.4 物资物料 160

| 6.3.5 | 资产盘点 | 163 |

6.4 检测业务模块 163
    6.4.1 检测业务一体化 164
    6.4.2 病害知识库 166
    6.4.3 多源数据的集成与应用 166

6.5 评定业务模块 167
    6.5.1 技术状况评定 167
    6.5.2 综合性能评定 172

6.6 决策业务模块 174
    6.6.1 维养规划 174
    6.6.2 维养计划 178

6.7 维养业务模块 181

6.8 本章小结 182

第 7 章　结语

7.1 理论方法创新 184

7.2 技术开发创新 184

7.3 工程应用创新 185

索引

针对以上问题,国家重点研发计划项目"港珠澳大桥智能化运维技术集成应用"提出建立跨海集群工程长期服役性能数据库和维养领域知识图谱,构建桥岛隧一体化评估和智能决策理论与方法,并研发基于数据模型技术的智能决策系统,以实现港珠澳大桥的资产管理与智能决策。相关研究成果能够为行业内跨海集群工程的智能维养提供借鉴,起到示范性作用,促进工程维养与新兴技术的结合,加速推动我国新型基础设施建设,服务交通强国建设战略目标。

1.2 研究现状

1.2.1 桥岛隧数据模型

桥梁养护管理逐步向数字化、智慧化转变,基于数据模型技术对建设信息、病害数据、巡检历史的综合分析和预测,为桥梁的管养决策提供科学依据及建议,推动粗放式管养向精细化管养转变。

在病害数据管理方面,基于数据模型技术研究桥梁病害的尺寸形态信息、空间分布情况及时空演变规律,实现桥梁病害信息的动态三维可视化,有利于进一步提升病害信息管理效率。李成涛等[1]提出了基于数据模型技术的桥梁病害三维可视化方案,开发了基于WebGL的三维可视化软件,实现了对裂缝和一般局部病害的三维可视化展示,提高了桥梁养护信息的利用效率。马继骏等[2]提出一种依附构件几何特征的桥梁病害信息表达技术,通过研究构件几何特征信息的IFC(工业基础类)表达,推演桥梁病害信息的IFC描述,实现对桥梁病害信息的可视化表达。McGuire等[3]提出了一种基于数据模型技术的桥梁性能追踪与评估方法,通过开发基于Revit和Excel的病害定位与评估工具,将数据模型技术融入桥梁巡检、评定和管理当中,实现了桥梁病害信息可视化与评估自动化。

随着桥梁资产的快速增加,对于桥梁的养护管理既体现在损伤、构造等微观尺度,也体现在路网、桥梁群维护决策等宏观尺度,而要对大规模的单体桥梁,或者桥梁群进行合理的、效益最大化的资源配置,桥梁管养需要逐渐由"设施管理"向"资产管理"过渡。通过制定高效、经济、合理的预防性养护措施,科学延长桥梁安全使用寿命。

将数据模型技术应用到隧道工程建设中,利用其可视化、模拟性、优化性的特点可以提高隧道信息化和精细化管理水平,但隧道工程属于隐蔽工程,和地质地貌联系紧密,且呈线状分布,单一的数据模型技术并不能完全反映出隧道的真实信息。地理信息系统(GIS)是基于对实际地理情况进行信息采集、存储、管理、分析、显示和描述所建立的系统,能够存储海量的地理空间信息,展示出隧道与外部环境的位置关系,但不能够表达出隧道内部的详细信息。数据模型与GIS技术在数据表达范围、数据管理组织等方面具有互补的优势,两者的集成为隧道信息化建设提供了技术支撑。林晓东等[4]在隧道结构设计、信息化施工、智慧管养、全寿命周期管理等方面应用数据模型和地理信息技术,取得了一定的成果。

近年来以人工岛作为主要开发方式和载体的海洋资源开发越来越受到行业的重视和认可。人工岛的基本功能是通过填海筑岛形成稳定陆域,实现海上桥梁与隧道的顺畅衔接,满足岛上建筑物的布置需要,并提供基本掩护功能,保障主体建筑物的正常运营。王帅等[5]在深中通道西人工岛三维展示、优化设计、协同工作和施工模拟等方面应用数据模型技术,取得了一定的成果。

1.2.2 知识图谱

交通基础设施维养领域知识对于管养人员的养护决策至关重要。然而,维养领域知识散落在各种维养标准中,这些知识具有碎片化分布、非结构化表示和分散式存储等特点。为了辅助工程师做出综合决策,不同国家或地区开发了许多信息化管理系统来整合这些知识。这些系统通常是使用关系数据库存储维护知识。例如,美国国家桥梁清单数据库,一个包含60多万座公路桥梁的数据库,包含不同桥梁构件的设计信息、运行状况和结构状况[6]。Caprani和Maria[7]创建了一个包含751座大跨度桥梁的全球大跨度桥梁数据库。这些系统或知识库是独立开发和单独部署的。由于数据库的设计差异,这些知识库之间存在异构语义问题,这可能导致维护知识难以共享和重用。在缺乏有效工具的情况下,管养人员很难整合这些零散知识以制定维养策略。因此,有必要采用一种有效的方法来集成管理维养领域的异构、离散知识。

知识图谱(Knowledge Graph,KG)在 2012 年由谷歌首次提出。经过 10 余年的发展,知识图谱已成为最高效的知识集成方法之一[8]。在建筑领域,知识图谱更被认为是当今最先进的知识管理技术[9]。狭义上,知识图谱是指一种知识表示形式,使用节点和边描述现实世界中的事物及其关联关系。在实际应用中,知识图谱被认为是一种使用图数据库作为存储工具的知识库。广义上,知识图谱是指一种大规模知识工程,是指自然语言处理(Natural Language Processing,NLP)、深度学习(Deep Learning)和数据库等一系列技术的总和。在桥梁维养领域,有望使用知识图谱技术实现桥梁维养领域知识库的自动化构建,并使用图数据库存储领域知识。另一方面,知识图谱技术可用于智能问答系统,以支持回答用户使用自然语言所提出的问题。智能问答系统是信息检索的高级模式,能够提高用户获取知识的效率[10]。鉴于此,研发基于桥梁维养领域知识图谱的智能问答系统将成为畅通桥梁管养人员获取专业知识的有效途径。

知识图谱本质上是一种表示实体以及实体间关系的语义网络。知识图谱通常可被表示为两种类型的多个三元组的集合,这两类三元组的形式化定义见式(1.2-1)和式(1.2-2)[11]:

$$KG_1 = (h,r,t) \tag{1.2-1}$$

$$KG_2 = (e,p,v) \tag{1.2-2}$$

其中,h 和 t 分别表示知识图谱三元组的头实体和尾实体,r 表示两个实体之间的关系;e,p,v 依次是指实体、属性和属性值。例如,(港珠澳大桥,包括,九洲航道桥)和(九洲航道桥,长度,768m)两个三元组可被用于描述"港珠澳大桥包括长度为 768m 的九洲航道桥"这条事实性知识,其中"包括"是第一类三元组中的关系,"长度"对应着第二类三元组中的属性。知识图谱正是通过关联这些三元组形成图结构,从而将海量碎片化的数据组织形成相互关联的知识网络。

本体(Ontology),作为语义网技术的核心之一,与知识图谱的关系颇为紧密。

本体,在计算机领域,是指对共享概念模型的形式化、规范化说明;它是由类(Classes,也被称为概念)、实例(Individuals,即知识图谱中的实体)、关系(Relations)、公理(Axioms)和函数(Functions)5种元素构成[12]。一方面,本体模型侧重于定义概念、概念间关系及概念属性,本体中的实例并不多;而知识图谱更关注于大量实例。本体模型可被认为是知识图谱的抽象表达,可用于管理知识图谱模式层以及指导知识图谱数据层的构建。另一方面,本体模型可以转化为知识图谱,但转化的过程会造成本体模型中原有语义信息的丢失。这是因为本体模型可以使用网络本体语言(Web Ontology Language,OWL)来形式化表示,OWL语言预定义的词汇使得本体模型具备了形式化的语义,语义网规则语言(Semantic Web Rule Language,SWRL)进一步强化了本体的知识建模能力。而知识图谱是一种存储知识的数据结构,不具备形式化的语义。

除本体外,与知识图谱在名称上较为接近但有本质区别的两个概念是知识地图和科学知识图谱。知识地图(Knowledge Map)是一种组织和导航知识资源的图形化工具,便于实现知识的检索、共享和重用。知识地图不存储知识,只是起到指引知识源的作用。科学知识图谱是图书情报学中的概念,是指使用文献计量方法分析展示科学知识结构和知识发展脉络的网络结构图。

按知识覆盖范围的不同,知识图谱分为通用知识图谱和领域知识图谱。前者包含的是覆盖面较广的常识性知识,后者是一种仅包含特定行业专业知识的领域知识库。因此,后者也被称为行业知识图谱。桥梁维养领域知识图谱(Bridge Maintenance Domain Knowledge Graph,BMDKG)就是一种领域知识图谱。知识图谱的逻辑结构包括模式层和数据层。BMDKG的形式化定义见式(1.2-3)。

$$BMDKG = (SL, R, DL) \qquad (1.2\text{-}3)$$

其中,SL,DL,R 依次分别代表桥梁维养领域知识图谱的模式层、数据层以及两层之间的关系。此处的关系是指概念与实例之间的"有实例(Has Individual)"关系。模式层仅是指桥梁维养领域本体模型中的概念和关系。数据层是指桥梁维养领域本体模型中的实例,也可用描述事实的三元组集合表示。图1.2-1给出了以港珠澳大桥主体工程为例所建立的知识图谱简易示例。

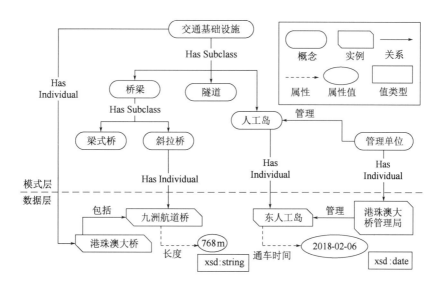

图 1.2-1 知识图谱的双层逻辑结构

目前,知识图谱在建筑领域的应用已经兴起。但在交通基础设施领域,知识图谱的研究还处于起步阶段[13],现有研究将知识图谱视为一种愿景或框架的一部分,知识图谱的构建方法还不够完善。Ma 等[14]将知识图谱作为钢箱梁疲劳裂纹标准化数据库的未来愿景。Yang 等[13]提出了以知识图谱为核心的基于大数据知识工程的智能桥梁管养框架。Luo 等[15]围绕桥梁构件等实体构建了桥梁检测知识图谱,其所提出的知识图谱构建方法与桥梁构件直接相关,难以推广应用到其他领域。

1.2.3 桥岛隧技术状况评定

1)桥梁技术状况评定

桥梁技术状况评定就是对既有桥梁的各个构件进行检查,分析病害对桥梁结构的影响程度。目前常用的评定方法主要有综合技术状况评估法、层次分析法、模糊综合评定法等。

(1)综合技术状况评估法

综合技术状况评估法就是将各指标权重与各指标进行加权算术平均或几何平均得到最终评定结果的分层加权评估法。这种评估方法层次清晰,计算简便,应用范围广。我国目前采用该评估方法的规范主要有:①《公路桥梁技术状况评定标准》(JTG/T H21—2011)。该规范在桥梁总体和部件之间增加了部位层级，细化了部件类型，对评定标准做了量化处理，评估方法更合理。②《城市桥梁养护技术标准》(CJJ 99—2017)。该规范主要适用于城市桥梁，采用桥梁状况指数作为综合技术状况的评估指标，首先根据被检查部位的权重和评分值进行分项评估，然后再进行加权综合。美国桥梁技术状况评估分为结构状态评估、综合性能评估、健全性评估和承载能力评估四种，在进行状态评估时，首先对每个构件的状态进行评定，分为"好、中、差"3个状态等级，然后由工程师根据构件的整体状况对组合部件进行定性的评估。

(2) 层次分析法

层次分析法(Analytic Hierarchy Process, AHP)是由美国匹兹堡大学著名教授T. L. Satty 最早提出的一种定量评价方法[16]。该方法将一个复杂系统进行有层次的划分，使一个复杂的问题简单化，以解决评估工作中的盲目性。在桥梁中，通过把桥梁分为构件、部件、结构等几个层次，逐级进行综合评价，最终得到桥梁的状态等级。杨军等[17]利用层次分析法，建立了一个基于桥梁老化的多层次评价模型，对桥梁老化程度进行评估，通过计算桥梁的总体评分，为桥梁维养决策提供数据基础。任宝双等[18]在基于层次分析法的基础上，结合所评估对象的自身特点，建立了相应的评估模型，为评估指标体系的研究提供了参考。以层次分析法为基础，又衍生了变权综合法[19]等。由于层次分析法考虑了评定对象的相互影响和主次关系，在一定程度上减少了人为主观影响，故目前层次分析法在评估过程中得到了较为广泛的应用并取得了较好的研究成果[20]。

(3) 模糊综合评估法

美国控制论专家L. A. Zadeh 在1965年创立了模糊数学理论[21]，之后该理论在多个领域得到了广泛的使用。模糊综合评估法通过引入模糊数学理论，根据综合评估的目标，建立各因素的模糊函数，基于隶属度函数确定指标权重值，将模糊的边界问题以及不易定量的因素定量化，最终对目标进行评估。该方法是将采取层次分析法不能定量化的信息，运用模糊数学概念，定量化地表示出来。该方法在一定程度上可以弥补层次分析法的不足。S. A. Moufti 等[22]基于模糊隶属度建立了混凝土桥梁状态评价模型，并对其进行评估。但是采用该方法时，如何选择模糊运算法则、如何合理确定隶属函数以及如何避免参评人员的主观随机性与不确定性等问题到现在没有得到根本解决。

2）岛隧技术状况评定

岛隧的运营质量取决于土建结构与机电设施的服役状态，对两者全面、系统评估是结构安全运营和科学养护的重要保障。然而，目前国内外针对人工岛的技术状况评估标准的相关研究尚处于空白。在隧道土建结构方面，由于结构特征及服役环境的显著差异，既有山岭公路隧道、城市道路隧道的评定方法无法直接应用于沉管隧道中，且既有相关研究大多集中在沉管隧道沉降量控制标准方面。而在机电设施方面，围绕沉管隧道特殊服役需求的机电设施评定研究尚属空白。下面重点介绍隧道技术状况评定研究现状。

荷兰早在20世纪80年代曾对沉管隧道的检查、维护、维修和更换策略启动过相关工作，协助设计和施工人员评估工程质量，但国际上目前尚未发布沉管隧道运营技术状况评价的相关统一标准。我国针对沉管隧道运营状态评价的研究初期侧重于病害调研分析和预防整治措施。谢雄耀[23]基于宁波甬江隧道23年运营期间接头沉降的监测数据进行分析，提出了通过强制位移法对结构进行安全性评估的方法。Zhang等[24]采用极限应变法和有限元强度折减法相结合的方法，对沉管隧道的安全性进行了评价。除了对隧道整体进行评估以外，也有针对Omega止水带的性能评估和使用寿命的预测，以判断是否满足项目设计要求。曹文宏[25]沿用《盾构法隧道结构服役性能鉴定规范》（DG/T J08-2123—2013）对沉管隧道"危险"状态进行了判别指标和量化标准的确立，并提出了接头允许变形量的标准参考值。

其后，学者多结合检测与监测技术应用进入基于数据的评估诊断阶段。徐向春等[26]以南昌红谷隧道为例，基于隧道健康监测系统对其受力、变形等关键指标的实时测取，采用层次分析法和模糊综合评价法，实现了对隧道健康状态的自动评估，同时给出预警、报警、管理和养护建议。张敏[27]采用主客观融合的层次分析法对沉管隧道进行了健康状态评价中的权重分析研究。广东省的《内河沉管隧道管养技术规范》（DBJ/T 15-156—2019）对隧道结构各项权重及技术状况评定分级进行了详细规定，针对各评定结果制定了相应的维养措施，并应用于广东省内河沉管隧道的管理养护。

综合来看，目前国内外尚无沉管隧道结构技术状况评估的统一规范，对于沉管隧道的重要机电设施与排烟道、防火板等关键防灾设施的评估也基本处于空白。因此,对比钻爆法公路隧道服役状态的评估技术水平,需要加强新技术引入,对沉管隧道开展系统科学的技术状况评估。

1.2.4 桥岛隧综合评定

桥、岛、隧的技术状况评定基于表观病害信息对设施的服役性能进行评价。一方面,技术状况评定因信息的片面性而不能准确地反映结构的真实服役性能,例如显著影响结构承载能力和抗灾能力的预应力损失和边界条件改变等结构损伤很难通过表观病害检测发现。另一方面,维养决策中需考虑的因素不仅包括结构性能,还包括结构服役环境、失效风险等。综上,为提供一个指导维养决策的依据,需在技术状况的基础上综合其他多方面性能重新定义一个更准确、更全面的评价指标,即综合性能评定。

美国联邦公路管理局(Federal Highway Administration,FHWA)开展的"桥梁长期性能研究计划"(Long-Term Bridge Performance Program,LTBP 项目)基于多属性效用理论对桥梁进行综合评估。理海大学 Dan M. Frangopol 教授和香港理工大学的董优博士采用多属性效用理论分析了美国科罗拉多州的高速公路网上所有的桥梁,并且采用了遗传算法(GA)对多个属性值为目标函数的决策问题进行了优化,如最小化维养费用、最小化二氧化碳排放、最大化结构使用寿命等[28]。此外,理海大学 Dan M. Frangopol 教授重点考虑全寿命周期内结构维养的成本体系建立[29],其研究的领域对于桥梁维养花费方面的评价具有指导意义。美国联邦公路管理局已经建立了一套完整的路桥群多属性效用理论评价系统[30],该系统已在美国推广使用。此外,加拿大安大略省交通部(Ministry of Transportation of Ontario)也开展了对多属性效用理论的研究。Saleh Abu Dabous 对加拿大安大略省的路桥网络进行了分析,采用多属性效用理论对安大略省桥群进行了排名分析,分析得出目前最需要加固维护的桥梁[31]。

欧洲科技合作组织(The European Cooperation in Science and Technology,COST)支持开展的"公路桥梁质量标准,欧洲标准"(Quality specifications for roadway bridges,standardization at a European level,简称 BridgeSpec)研究,有多项内容是关于多属性效用理论在桥群长期服役状态评估中的应用的。如:Zaharah

Allah Bukhsh 采用多属性效用理论分析了荷兰境内所有桥梁的使用状态[32-34]，包括桥梁整体性能、维养费用、环境因素和维修引起的间接成本等。Fani Antoniou 采用多属性效用理论分析了整个希腊高速公路网的服役状态评价[35]，把评价体系拓展到 9 个方面。Edmundas Kazimieras Zavadskas 采用多属性效用理论分析了维尔纽斯(立陶宛首都)城市桥群状态[36]，证明了建立多属性效用理论是后续进行维养决策的前提条件。

文献检索显示，基于多属性效用理论的综合服役性能评估在国内土木工程领域尚未应用。在其他领域的研究也处于起步阶段，如在交通方面，多属性效用理论只在交通信息发布方式优选上进行了研究[37]。综上所述，国外对多属性效用理论在桥梁维养上的应用领先于国内。

1.2.5 智能维养决策系统

1) 国外研究现状

在桥岛隧维养领域，国外的研究较国内更早，并且发达国家在桥梁安全性研究方面起步较早。20 世纪 80 年代，美国已经开始对桥梁的检测、安全评估和养护措施进行了深入研究[38]。美国在桥梁管理领域取得了一定的成果，结合专家系统等先进思想，开发了许多桥梁管理系统，这些系统曾广泛应用于中小型桥梁的管理中。在美国，桥梁管理面临着重大的挑战和需求。数据显示，美国目前拥有 60 多万座桥梁，其中约 20 万座桥梁不符合要求，约 12.5 万座桥梁被鉴定为具有结构缺陷，每年大约有 6000 座桥梁需要进行重建。为了应对这些挑战，FHWA 制定了相关的桥梁修复和重建规划。FHWA 在 1988 年对国家桥梁档案数据库进行了进一步的开发。这个数据库被称为桥梁管理系统(BMS)，并且具备了辅助决策的功能。BMS 为桥梁管理人员提供了关键的数据和信息，帮助他们更好地了解桥梁的状况、结构缺陷和需求，以便做出合理的维修和重建决策。通过 BMS，管理人员可以实时获取桥梁的技术与结构参数、监测数据、保养记录等，并利用这些信息进行维护计划和资源分配的决策。此外，BMS 还提供了桥梁维护历史记录、维修策略、养护成本和预算等关键数据。这些数据对于进行全面的桥梁管理和决策分析至关重要。通过对 BMS 的有效利用，管理人员可以更好地评估桥梁的状况和维修需求，更有效地规划维修工作和优化资源配置。总之，

FHWA 的桥梁管理系统(BMS)在美国的桥梁维修和重建规划中发挥着重要的作用。通过提供关键的数据和辅助决策功能,BMS 帮助管理人员更好地了解桥梁的状况和需求,为制定合理的维修和重建方案提供支持。这样可以提高桥梁管理的效率和质量,在确保公共交通安全和可持续发展的同时,减少资源浪费和维护成本。

在英国,干线公路养护采用三级管理体制,其中主要负责部门为英国运输部公路管理养护局[39]。以英国干线公路网为基础,英国运输部将公路分为九个区域,并相应地成立了公路与桥梁管理单位。英国运输部委托沿线地方政府通过合同方式来协助养护工作,沿线地方政府的主要责任是对区域内各个干线公路和桥梁进行养护。

欧洲的公路桥梁管理系统项目由两个子项目共同构成[40]:①利用桥梁成本分析方法研究:该子项目旨在综合考虑桥梁的安全性、持久性等因素,在给定桥梁的基础上选择最佳的养护方案。该分析方法将充分考虑建设、检测、养护等费用,并在确保桥梁在使用年限内保持安全可靠的前提下,尽量降低桥梁的总成本。通过这种方法,可以筛选出一种可供选择的养护最佳方案。②桥梁最佳养护方案研究:该子项目旨在评估桥梁养护方案的等级和适用程度,并建立一个简单明了的评价系统。通过评估养护方案的等级和适用程度,可以确定路网项目管理中最合适的桥梁养护方案。以上两个子项目在欧洲的公路桥梁管理系统中起到了重要作用,通过利用桥梁成本分析方法进行研究和选择养护最佳方案,以及评估和确定桥梁养护方案的适用程度,可以提高桥梁管理的效率和成本控制能力。

目前,国内外关于桥岛隧集群工程的智能维养系统比较少,大多数只针对单个结构建立相应的养护管理系统。20 世纪 90 年代以后,桥梁管理信息系统在互联网技术浪潮中蓬勃发展。FHWA 研发了桥梁管理系统 PONTIS,此后演变成网络版的 Bridge Management Software(BrM)。桥梁管理机构可以利用 BrM 软件来做一系列的桥梁评估需求,包括桥梁目录清单、检查数据存储、技术状况评估、退化模型、建议优化维护政策、项目规划和路网级的预算、性能分析。BrM 的功能也从早期的短期维修策略推荐拓展到长期的养护需求分析,并为桥梁重建和维修计划提供辅助决策。其主要依据遗传算法对轻体量的结构进行智能维修养护[41]。

2)国内研究现状

随着桥隧养护管理的重要性日益凸显,我国的桥梁管养系统取得了快速发展[42]。在此方面,交通运输部开发了基于浏览器/服务器(B/S)架构的桥梁管理系统。该系统根据桥梁损伤情况进行分级,并完成了各功能模块和相关子系统的研究与开发,逐渐在各级桥梁管理部门中得到应用。同时,交通运输部结合地理信息系统(GIS)和 SQL Server 网络数据库,研发了城市桥梁管理系统(CBMS)。该系统包括数据管理、费用模型、桥梁评价、统计查询、维修计划和 GIS 等 6 个子系统。该系统提供了 100 多个功能,包括评价决策数据库、图形处理和图形服务等。此外,同济大学基于 GIS 技术开发了我国首个城市桥梁管养系统。这一系统首次将高架桥梁管理纳入了桥梁养护管理范畴[43]。

经过几十年的努力,我国公路桥梁养护管理工作取得了显著成绩。首先,在各地建立了省、市、县三级公路桥梁养护体系,为桥梁养护管理提供了组织架构和管理机制。其次,许多城市已经实施了桥梁养护工程师制度,提升了养护人员的专业素养和管理水平。此外,公路桥梁养护改造资金每年递增,通过改造和加固一些危险桥梁,提升了其安全性能。同时,许多实用的桥梁养护和管理技术经过研究和使用,有效地改善了桥梁的维护状况。例如,各省(自治区、直辖市)出台了桥梁养护管理制度[44],规范了养护管理工作。2018 年,《交通运输部关于印发〈公路养护工程管理办法〉的通知》(交公路发〔2018〕33 号)明确了公路养护管理亟须加强政策指导,需要搭建现代养护工程管理体系。2022 年,交通运输部《"十四五"公路养护管理发展纲要》(交公路发〔2022〕46 号)强调了推进基础数据归集,提升养护管理数字化水平基础数据归集,强化养护科学决策。这些措施和成果保证了公路桥梁的安全运行,为公路交通提供了可靠的安全保障。

中国桥岛隧智能维养系统大多针对特定的桥梁量身定做。随着相关技术的发展,杭州湾跨海大桥管理者根据大桥特点,制定了记录结构信息、养护信息、养护计划的养护管理系统,并通过三维模型地理信息系统将桥梁基本信息及养护信息与空间模型融为一体。沪通长江大桥利用数据模型、云计算、健康监测等技术,搭建了包括数据模型建设管理子系统、结构健康监测子系统、电子巡检子系统、视觉检测子系统的数字化运维管理平台。葛敏莉等[45]针对公路中的隧道设施,建立了公路隧道状况评价指标体系,并提出了公路隧道养护管理系统框架和关键模块。赵超志等[46]以秦岭终南山特长公路隧道为工程基础,通过对隧道内监控、照明、安检、消防、养护等信息的电子化,初步建立了隧道各项运营养护信息综合管理系统。江西高速公路管理单位以涵盖互通枢纽、桥梁、隧道等构造物的5000余公里高速公路为对象,搭建了以养护数据管理子系统和养护决策子系统为主要核心的集群设施养护管理系统,并借助"数据模型+虚拟现实"技术实现了对实景数据的可视化展示。

1.3 本书主要内容

为实现港珠澳大桥的智能维养,大桥管理单位围绕港珠澳大桥的桥岛隧数据模型和维养知识库的构建、检测评定与综合评估、维养决策模型以及智能维养系统等方面开展研究工作,总体研究框架如图1.3-1所示。资产管理重点在于完成基于港珠澳大桥数据模型的资产盘点,为港珠澳大桥智能维养提供"数据底座"。维养知识库包括构件、病害、检测方法、处治措施、养护定额和养护工程质量检验评定标准等专业知识,为港珠澳大桥智能维养提供"知识底座"。检测评定是获取结构性能状况的必要手段,可为维养决策提供动态历史数据。使用这些历史数据可以建立结构性能退化模型,从而预测结构未来状况。以维养知识库为基础,还能建立养护策略的优先排序模型和决策优化模型。以上数据、知识和模型均被集成到智能维养系统中。

全书主要研究内容如下:

第1章 绪论,介绍研究背景和研究现状以及本书主要内容,分析跨海集群工程在智能维养方面存在的问题。

第2章 跨海集群工程数据模型,全面介绍港珠澳大桥桥岛隧数据模型构建标准和构建方法,总结了港珠澳大桥数据模型的典型应用。

第3章 跨海集群工程维养领域知识库,介绍跨海集群工程维养领域知识表示、知识抽取、知识融合和存储方法,并对维养领域知识库成果进行介绍。

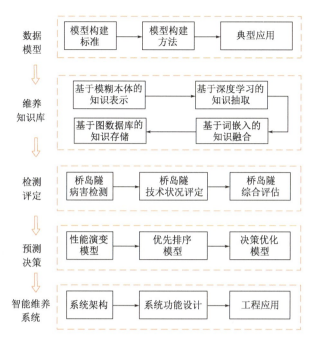

图 1.3-1 研究框架

第 4 章 桥岛隧检测评定与综合评估,介绍桥岛隧病害检测业务、桥岛隧技术状况评定以及综合评估方法。

第 5 章 港珠澳大桥维养决策模型,介绍两种性能演化模型和养护策略的优先排序模型和决策优化模型,并给出了应用案例。

第 6 章 港珠澳大桥智能维养系统,介绍智能维养决策系统的各功能模块以及系统在港珠澳大桥上的应用效果。

本章参考文献

[1] 李成涛,章世祥.基于 BIM 技术的桥梁病害信息三维可视化研究[J].公路,2017,62(1):76-80.

[2] 马继骏,褚豪,孔令涛,等.基于 IFC 的桥梁病害信息可视化表达[J].土木工程与管理学报,2020,37(4):66-72.

[3] MCGUIRE B,ATADERO R,CLEVENGER C,et al. Bridge information modeling for inspection and evaluation[J]. Journal of Bridge Engineering,2016,21(4):4015076.1-4015076.9.

[4] 林晓东,李晓军,林浩.集成GIS/BIM的盾构隧道全寿命管理系统研究[J].隧道建设(中英文),2018,38(6):963-970.

[5] 王帅,鲁盛,张浩,等.Bentley数字化平台在人工岛BIM设计过程中的应用[J].中国交通信息化,2017(12):139-143.

[6] LI Z,BURGUEÑO R.Structural information integration for predicting damages in bridges[J].Journal of Industrial Information Integration,2019,15:174-182.

[7] CAPRANI C C,DE MARIA J.Long-span bridges:analysis of trends using a global database[J].Structure and Infrastructure Engineering,2020,16(1):219-231.

[8] YAN J,WANG C,CHENG W,et al.A retrospective of knowledge graphs[J].Frontiers of Computer Science,2018,12(1):55-74.

[9] DENG H,XU Y,DENG Y,et al.Transforming knowledge management in the construction industry through information and communications technology:A 15-year review[J].Automation in Construction,2022,142:104530.1-104530.20.

[10] 黄恒琪,于娟,廖晓,等.知识图谱研究综述[J].计算机系统应用,2019,28(6):1-12.

[11] 徐增林,盛泳潘,贺丽荣,等.知识图谱技术综述[J].电子科技大学学报,2016,45(4):589-606.

[12] GRUBER T R.A translation approach to portable ontology specifications[J].Knowledge Acquisition,1993,5(2):199-220.

[13] YANG J,XIANG F,LI R,et al.Intelligent bridge management via big data knowledge engineering[J].Automation in Construction,2022,135:104118.1-104118.14.

[14] MA Y,CHEN A,WANG B.Establishment and application of a fatigue crack database for steel box girders[J].Structure and Infrastructure Engineering,2023,19(12):1779-1794.

[15] LUO M,YANG X,ZHANG H,et al.2022 IEEE 10th Joint International Information Technology and Artificial Intelligence Conference(ITAIC),June 17-19,2022[C].Chongqing:[s.n.],2022.

[16] SAATY T L.Decision-making with the AHP:Why is the principal eigenvector

necessary[J]. European Journal of Operational Research,2003,145(1):85-91.

[17] 杨军,梁虹,田健,等.2018第三届土木与环境工程国际会议,5月27-29,2018[C].杭州:[出版者不详],2018.

[18] 任宝双,钱稼茹,聂建国,等.在用钢筋混凝土简支梁桥结构综合评估方法[J].土木工程学报,2002(2):97-102.

[19] 任远.大跨度斜拉桥养护管理系统的数字化研究[D].哈尔滨:哈尔滨工业大学,2010.

[20] 樊鲁献.大跨径连续刚构桥评估指标体系研究[D].西安:长安大学,2014.

[21] ZADEH L A. Fuzzy sets[J]. Information and Control,1965,8(3):338-353.

[22] MOUFTI S A, ZAYED T, DABOUS S A. Joint IFSA World Congress and NAFIPS Annual Meeting,June 24-28,2013[C]. Edmonton:[s.n.],2013.

[23] 谢雄耀,王培,李永盛,等.甬江沉管隧道长期沉降监测数据及有限元分析[J].岩土力学,2014,35(8):2314-2324.

[24] ZHANG L M, ZHENG Y R, WANG Z Q, et al. Application of strength reduction finite element method to road tunnels[J]. Rock and Soil Mechanics,2007,28(1):97-101,106.

[25] 曹文宏.沉管法隧道结构大修判别指标、标准的研究[J].隧道与轨道交通,2019(4):1-5.

[26] 徐向春,刘松玉,童立元.南昌红谷隧道健康监测与评价系统构建(英文)[J]. Journal of Southeast University(English Edition),2019,35(2):206-212.

[27] 张敏,朱江华,肖洪,等.沉管隧道健康状态评价中权重确定的主—客观融合方法[J].隧道建设,2016,36(9):1071-1075.

[28] SABATINO S, FRANGOPOL D M, DONG Y. Sustainability-informed maintenance optimization of highway bridges considering multi-attribute utility and risk attitude[J]. Engineering Structures,2015,102(NOV.1):310-321.

[29] LIU M, ASCE A M, FRANGOPOL D M. Multiobjective maintenance planning optimization for deteriorating bridges considering condition,safety,and life-cycle cost[J]. Journal of Structural Engineering,2005,131(5):833-842.

[30] AASHTOWare Bridge. AASHTOWare Bridge Management[EB/OL].[2024-04-01]. https://www.aashtowarebridge.com/.

[31] DABOUS S A, ALKASS S T. A multi-attribute ranking method for bridge management[J]. Engineering, Construction and Architectural Management, 2010, 17:282-291.

[32] BUKHSH Z A, STIPANOVIC I, DOREE A G. Multi-year maintenance planning framework using multi-attribute utility theory and genetic algorithms[J]. European Transport Research Review, 2020, 12:3.

[33] BUKHSH Z A, STIPANOVIC I, KLANKER G, et al. Network level bridges maintenance planning using multi-attribute utility theory[J]. Structure and Infrastructure Engineering, 2019, 15(7):872-885.

[34] BUKHSH Z A, STIPANOVIC I, PALIC S S, et al. Robustness of the multi-attribute utility model for bridge maintenance planning[J]. The Baltic Journal of Road and Bridge Engineering, 2018, 13(4):404-415.

[35] ANTONIOU F, KONSTANTINIDIS D, ARETOULIS G N. Application of the multi attribute utility theory for the selection of project procurement system for Greek highway projects[J]. International Journal of Management and Decision Making, 2016, 15:83-112.

[36] ZAVADSKAS E K, LIIAS R, TURSKIS Z. Multi-attribute decision-making methods for assessment of quality in bridges and road construction: State-of-the-art surveys[J]. Baltic Journal of Road & Bridge Engineering, 2008, 3(3):152-160.

[37] 郝帅.基于多属性效用理论的交通信息发布方式优选研究[D].长春:吉林大学,2015.

[38] 曹铭钧.桥梁的养护管理对策研究[D].西安:长安大学,2016.

[39] 范跃武.英国公路养护管理体制和施工招标制度[J].国外公路,1997(2):6-9.

[40] 于大涛,廖朝华.欧洲现有桥梁的评估[J].中外公路,2001(5):35-37.

[41] ROBERT W, MARSHALL A, SHEPARD R, et al. The pontis bridge management system: State-of-the-practice in implementation and development: Proceedings of

the 9th International Bridge Management Conference[C].[s.l.:s.n],2002.

[42] 叶志龙,徐文城,刘洋,等.公路桥群监测综合管理系统平台研发[J].公路交通科技(应用技术版),2020,16(1):165-170.

[43] 刘健,贾丽君,朱俊毅,等.城市桥梁信息管理系统研究与开发[J].交通与计算机,2001(5):32-34.

[44] 王亚飞,钟继卫,李成,等.桥梁智慧管理系统的探索与实践[J].武汉理工大学学报(信息与管理工程版),2020,42(4):298-304.

[45] 孙璐,葛敏莉,李易峰,等.土木工程信息化发展综述[J].东南大学学报(自然科学版),2013,43(2):436-444.

[46] 赵超志,胡平.秦岭终南山特长公路隧道运营管理技术[J].隧道建设,2010,30(3):344-347.

第 2 章

跨海集群工程数据模型

2.1 概述

港珠澳大桥将香港、珠海和澳门三地紧密相连。这一庞大而复杂的工程,由桥梁、人工岛和隧道组成。其成功运营与维护直接影响着三地的交流与合作。资产管理对于港珠澳大桥的可持续运行至关重要。通过精确的资产管理,我们能够全面了解桥梁、人工岛、隧道的结构状态及附属设施、机电设备的运行情况,使我们能够迅速应对潜在问题,保障设施的正常运行。

2.1.1 现状调研

港珠澳大桥是我国交通建设史上里程最长、投资最多、施工难度最大的跨海桥梁工程,包含桥梁、隧道、人工岛等不同设施,连接香港、澳门和珠海三个地区,跨越地形复杂、构件数量庞大、结构组成多样。这也导致传统的检测、维修、管理手段无法满足港珠澳大桥高标准、高效率、严要求的维养目标,需要智慧化、数字化、自动化的管养方式方法的应用。而大桥整体的基础设施数字化则是桥梁智慧化维养的基础与前提,这就需要完成全桥的三维信息模型的创建与基础数据的全面上线。

基于港珠澳大桥智能化运维的需求,首先要做的就是构建港珠澳大桥跨海通道的数字底座,实现大桥的数字化。以三维信息模型为数字底座,关联各业务子系统,可以满足各子系统应用需求,实现数据的互通互联。其次要做的是开发模型能力服务系统,科学统筹管理数据模型和三维模型,为众多参与港珠澳大桥运维及研究的单位,定制化地提供最新版本且满足各类需求的信息模型,并保障数据安全。系统的功能主要是整理、储存、管理、综合展示信息模型以及对应GIS 场景与环境信息,并可以对众多使用单位进行账号、权限、功能的多方位管理,保证信息数据不滥用、不乱用。

随着国家数字化政策的引导,交通基础设施领域的数字化、智能化发展逐步壮大,各类资产管理系统、运维管理系统、应急指挥系统等智能化系统逐步应用到基础设施建设项目中。三维模型作为平台应用的数据基础也迎来了其技术发展的机遇,同时也面临众多要解决的问题。

在模型生产方面,相关标准体系不完善,岛、隧结构没有现成标准可以依赖,养护运营期模型也没有相应的交付与应用标准可以参考;行业内对大体量、高精度、多场景的模型生产与应用的管理方式也仍处于探索阶段;不同平台、不同格式、不同标准的模型数据融合等问题也需要深入研究解决。

港珠澳大桥包括桥梁、隧道、人工岛及交通工程设施中各级构件、子构件、零件等对象,数量众多,且包含 LOD100(LOD6.1)、LOD300(LOD6.2)、LOD500(LOD6.3)三套不同精度的模型,模型单元数量达到千万级别,且建模早期仅有施工图,并无可供参考的标准体系,模型需要不断地修改迭代,对模型的生产与管理都是极大的考验。

对于模型应用方面,模型建完之后如何满足养护运维(巡查、小修保养、大中修、定期检查、安全监测等)的应用,仍缺少成功的案例与配套的体系标准,各相关方对模型的应用需求也无法快速锁定,需要在模型交付与应用的过程中渐进明晰。这也导致模型的生产需要不断迭代完善。怎么能满足各应用场景的需求也成为三维模型构建的技术难点。

综上来看,桥、岛、隧数据模型作为港珠澳大桥智能运维的数据主要载体、展示应用主体、核心交付成果,对桥梁、人工岛、隧道及其他设施所构建的数据模型的准确性、完整性、合规性、可展示性等方面提出了很高的要求。

2.1.2 需求分析

港珠澳大桥的数字底座包括虚拟几何模型、静态信息两大部分。两大部分共同构成了大桥的数据模型,其中模型与信息之间均依靠唯一编码进行关联,唯一编码采用信息分类和编码标准的相关规定进行。依托唯一编码将全桥的模型、静态信息、动态数据以及业务、流程、相关方等数据流关联起来,做到集成管理、全面分析,使港珠澳大桥的管理做到智能化、精准化、高效率。真正做到将信息模型技术用于大桥管理,赋能大桥管养工作。

港珠澳大桥智能运维系统,分为基础设施、运维业务、智能化支撑、数据模型等组成部分。各组成部分的结构层次及逻辑关系如图 2.1-1 所示。

本章主要对数据模型中的静态数据部分的构建方法及其在港珠澳大桥资产

管理方面的应用进行论述。

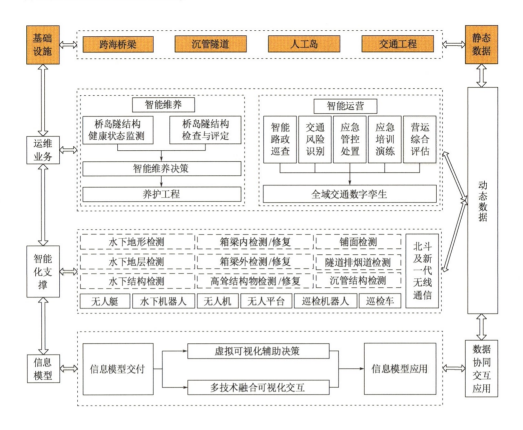

图 2.1-1　智能运维系统技术参考模型

桥岛隧运维阶段和建设阶段的三维数据模型在以下几个方面存在差异：

信息内容：建设阶段的三维数据模型主要包含设计、施工等信息，而运维阶段的三维数据模型则需要整合竣工信息模型，并提供结构构件和设施设备信息。

模型创建方式：建设阶段的三维数据模型通常是根据设计图、施工图等资料利用三维建模工具绘制的。而运维阶段的三维数据模型则需要根据竣工图，再辅以三维摄影或激光扫描等技术手段建立。

模型使用目的：建设阶段的三维数据模型主要用于指导施工，而运维阶段的三维数据模型则主要用于大桥的检测、维护和管理。

模型管理系统：运维阶段的三维数据模型需要一个运维管理系统，该系统应具备提供信息查询、图纸管理、维修提示、风险防控、问题处理等基本功能。

2.1.3 工程数据模型

跨海集群工程可以根据多种不同的业务维度来组织数据,本书主要针对港珠澳大桥的资产管理与维养决策。经对维养阶段业务需求的分析及理解,构建以下数据模型用于管理港珠澳大桥的静态数据,数据模型的概念模型如图 2.1-2 所示。

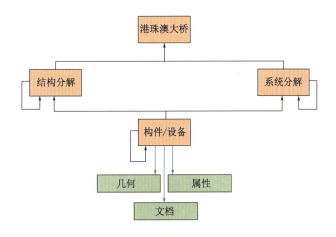

图 2.1-2 港珠澳大桥工程数据模型的概念模型

港珠澳大桥的数据模型主要由三种分解结构构成:结构分解、系统分解、构件/设备分解。这三类分解结构解析、模型构建及数据初始化均需遵循 2.2 章节介绍的相应标准进行。

2.2 数据模型构建标准

2.2.1 结构解析标准

1) 结构解析的总体原则

结构解析就是按照既定的规则,将桥梁结构分解、离散化为子构件或单元的过程,结构解析是进行技术状况评定的基础,解析的方式直接影响技术状况评定的结果。结构解析的目的如下:

(1)满足技术状况评定的需要。依据《公路桥梁技术状况评定标准》(JTG/T H21—2011),桥梁技术状况评定采用基于构件的分层评定法,按照构件→部件→部位→全桥的顺序进行技术状况评分。在进行部件评分时,引入的系数 t 的取值由构件划分的数量来确定,不同的构件划分方式必然导致不同的评分结果,但是现行规范并未对构件划分作出规定,导致进行技术状况评定时存在一定的模糊性,尤其对于港珠澳大桥这种构件繁多,种类复杂的桥梁,明确结构解析的方式意义重大。

(2)满足病害空间定位的需要。病害是依存在构件之上的,为实现桥梁长期服役性能追踪,可在现有分层基础上,将桥梁细分为多级子构件,子构件虽不参与技术状况评定,但划分的子构件可在空间上对病害进行精确定位,实现精准管养,同时基于划分的构件类型也可完善病害类型。

(3)满足模型构件编码的需要。为准确快速识别三维模型所反映的信息,需要基于一定的构件编码体系,而结构解析是构件编码建立的前提条件,通过一定的结构解析方式与构件编码体系,可实现构件与模型之间的一一映射关系。

(4)满足资产管理盘点的需要。港珠澳大桥构件繁多,现有评定标准更多针对地是中小桥梁,缺乏港珠澳大桥这种大型跨海桥梁的一些特殊构件类型,通过一定的构件划分方式,合理对构件进行分类,可实现对桥梁资产进行盘点的需求。

结构解析的总体原则如下:

(1)对桥梁进行结构解析时,应满足现行相关规范、标准以及手册的要求。

(2)构件划分宜根据构件的自然单元进行划分,划分后的构件宜可检可测,满足维养人员检测以及评定的需求。

(3)结构解析的深度应考虑构件受力以及构件对结构影响程度的大小确定,对受力构件以及对结构影响大的构件应精细解析。

2)桥梁结构解析

《公路桥梁技术状况评定标准》(JTG/T H21—2011)将桥梁分为"桥梁-部位-部件-构件"4个层级。港珠澳大桥是由多座桥梁组成的一个集群工程,为了方便进行管理以及精细管养等需求,对该 4 层体系进行了扩充,添加了评定单元、子构件的概念,形成了"桥梁-评定单元-部位-部件-构件-一级子构件-……-N 级子构件"的多层次结构解析扩展模型,如图 2.2-1 所示。

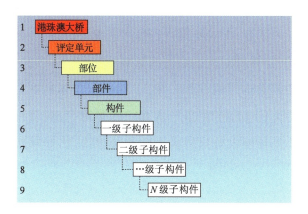

图 2.2-1　多层次结构解析扩展模型

由于港珠澳大桥里程长、规模大、桥型复杂,为便于进行技术状况评定,可沿运营桩号路线前进方向(珠海到香港方向)、结构形式、桥梁分幅等情况,将港珠澳大桥桥梁工程结构分为 16 个桥梁评定单元,如江海直达船航道桥单元和青州航道桥单元。

将港珠澳大桥划分为不同的评定单元后,一个评定单元内,在《公路桥梁技术状况评定标准》(JTG/T H21—2011)中对桥梁三大部位划分的基础上,结合港珠澳大桥的实际情况以及相关的跨海桥梁养护规范,增加附属设施,形成适用于港珠澳大桥的上部结构、下部结构、桥面系、附属设施四大部位结构形式,见表 2.2-1。

跨海大桥部位类型　　　　　　　　　　表 2.2-1

部位	说明
上部结构	桥梁支座以上跨越桥孔部分的总称,如主梁、支座等
下部结构	支承桥梁上部结构并将其荷载传递至地基的桥墩、基础等的总称
桥面系	直接承受车辆等荷载并将其传递至主要承重构件的结构体系
附属设施	与桥梁工程不可分割的各种附属设备或配套设施,如除湿系统等

在现有三大部位的基础上,增加附属设施部位,主要是考虑到附属设施中的部分部件也会参与技术状况评定。如对于港珠澳大桥这种跨海大桥,钢结构处于高盐高湿的海洋环境中,极易发生腐蚀。除了设置有专门的涂层防护外,还在钢箱梁以及索塔内安装了除湿系统,通过除湿系统控制梁、塔内湿度,从而防止或减缓钢结构锈蚀。因此,在对桥梁进行技术状况评定时,应评定除湿系统等附属设施的健康状况,计算其对桥梁结构的影响。

部件是结构中同类构件的统称。在《公路桥梁技术状况评定标准》(JTG/T H21—2011)中,根据不同的桥型,在三大部位的基础上,对每种部位添加了相应的部件类型。由于港珠澳大桥只有梁式桥和斜拉桥,此处只列出梁式桥和斜拉桥的部件类型,如图 2.2-2 和图 2.2-3 所示。

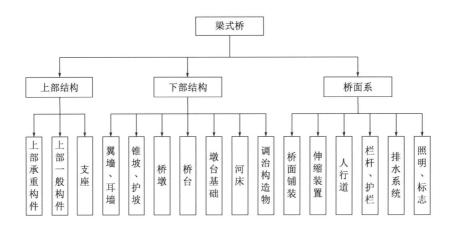

图 2.2-2　梁式桥部件划分

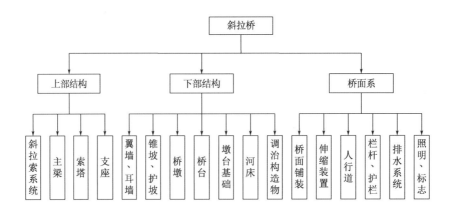

图 2.2-3　斜拉桥部件划分

《公路桥梁技术状况评定标准》(JTG/T H21—2011)是目前国内针对桥梁技术状况评定最为完整的规范,因此在《公路桥梁技术状况评定标准》(JTG/T H21—2011)的基础上,结合相关的施工图纸、手册等,划分适用于港珠澳大桥的部件类型,如图2.2-4和图2.2-5所示。

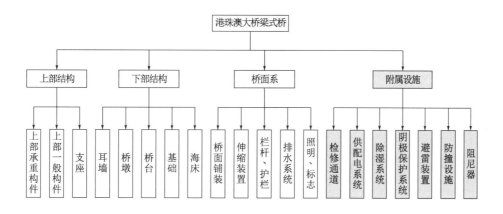

图2.2-4 港珠澳大桥梁式桥部件划分

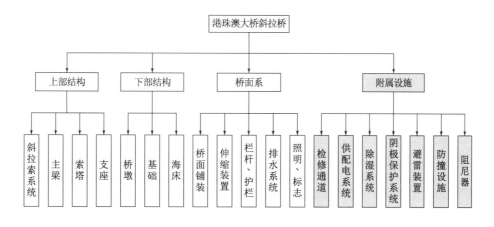

图2.2-5 港珠澳大桥斜拉桥部件划分

港珠澳大桥部件划分在《公路桥梁技术状况评定标准》(JTG/T H21—2011)的基础上,做了以下变动:①在部位层次上,增加了附属设施部位,相应地为附属设施添加了7类部件类型,这7类部件都是参与技术状况评定的部件;②对于港珠澳大桥没有的部件类型(翼墙、锥坡护坡、调治构造物、人行道、桥台)予以删除;③港珠澳大桥属于跨海桥梁,将"河床"改为"海床"。

《公路桥梁技术状况评定标准》(JTG/T H21—2011)更多针对的是中小跨径

桥梁。对于港珠澳大桥这种跨海桥梁,由于其部件类型多样,包含了部分特殊部件类型,导致其对此类桥梁的适用性不强。基于此情况,参考相关规范,在现有标准的基础上,对部分部件增加相应的子部件类型,见表2.2-2。由于港珠澳大桥构件繁多,下文将单独阐述构件的划分情况。

新增子部件类型　　　　　　　　　　表2.2-2

序号	部件	子部件
1	主梁	混凝土主梁、钢主梁、钢混组合主梁
2	支座	板式橡胶支座、盆式橡胶支座、高阻尼橡胶支座、铅芯橡胶支座
3	索塔	混凝土索塔、钢索塔
4	伸缩装置	模数式伸缩装置、梳齿板伸缩装置
5	栏杆、护栏	混凝土栏杆护栏、钢栏杆护栏
6	照明、标志	照明设施、标志、标线
7	阻尼装置	支座阻尼器、调谐质量阻尼器

注:表中加粗部件是本次新增的子部件类型。

桥梁构件是进行技术状况评定的最小单元,构件划分的合理性直接影响桥梁技术状况评定的结果,以港珠澳大桥典型的斜拉桥——青州航道桥为例,在部件划分的基础上,进一步划分构件。港珠澳大桥桥梁类型多样,以典型的青州航道桥评定单元为例,介绍索塔和主梁构件的划分以及命名。

全桥两个索塔,为便于构件命名编号,将索塔和桥墩一起编号,按沿桥梁前进方向,分别命名为1号桥墩、2号桥墩、3号索塔、4号索塔、5号桥墩、6号桥墩,单个索塔由混凝土塔柱、钢结形撑、下横梁3部分组成,如图2.2-6a)所示,索塔总计构件146个。

对于混凝土塔柱而言,全桥2个索塔,共4个塔柱,每个塔柱根据施工节段按从下向上的顺序分为30个构件,塔柱共计120个构件,构件编号由3部分组成,即"索塔编号"-"左、右侧"-"塔柱节段编号"。"左、右侧"按沿桥梁前进方向进行划分,并用L、R表示;"塔柱节段编号"按从下向上的顺序进行编号。比如"3-R-10塔柱"表示按桥梁前进方向,第一座索塔右侧按从下向上顺序的第10节段塔柱。3号索塔右侧塔柱编号如图2.2-6b)所示。

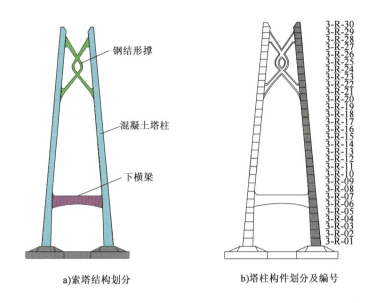

a) 索塔结构划分　　　　　b) 塔柱构件划分及编号

图 2.2-6　斜拉桥索塔

对于钢结形撑而言，每个索塔的两个塔柱之间设置 1 个结形撑，对称分布，共 2 个结形撑，每个结形撑根据其 5 种构造类型，分为 10 个构件，全桥共 20 个构件。构件编号由 3 部分组成，即"索塔编号"-"左、右侧"-"结形撑节段编号"。"左、右侧"按沿桥梁前进方向进行划分，并用 L、R 表示；"结形撑节段编号"按从下向上的顺序进行编号。比如"3-R-5 结形撑"表示按桥梁前进方向，第一座索塔（3 号索塔）右侧按从下向上顺序的第 5 节段结形撑。3 号索塔右侧结形撑编号如图 2.2-7a) 所示。

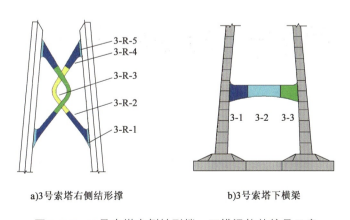

a) 3号索塔右侧结形撑　　　　　b) 3号索塔下横梁

图 2.2-7　3 号索塔右侧结形撑、下横梁构件编号示意

对于索塔下横梁而言，全桥两个下横梁，沿桥梁前进方向按从左到右的顺序分为3个节段，每个节段作为一个构件，全桥共6个构件。构件编号由两部分组成，即"索塔编号"-"下横梁节段编号"。比如"3-1下横梁"表示按桥梁前进方向，第一座索塔(3号索塔)按从左到右顺序的第1节段下横梁。3号索塔下横梁编号如图2.2-7b)所示。

对于主梁而言，根据施工节段对主梁进行划分，将每一个施工节段的钢箱梁作为一个构件，全桥共计85个构件，主梁构件编号由两部分组成，即"桥跨编号"-"主梁节段编号"，"桥跨编号"按沿桥梁前进方向，命名为1号跨、2号跨、3号跨、4号跨、5号跨；"主梁节段编号"按沿桥梁前进方向依次进行编号。如"1-01主梁"表示沿桥梁前进方向，第一跨第一个施工节段主梁。对于桥墩、索塔处主梁节段将其划入较大的跨径中，如2号墩处主梁节段归入2号跨中，3号索塔处主梁节段归入3号跨中，最终1号(5号)跨包含10个主梁构件、2号(4号)跨包含16个主梁构件，3号跨包含33个主梁构件，共计85个主梁构件。

在构件下面进一步划分多级子构件，子构件虽不参与技术状况评定，但通过划分多级子构件，可实现病害的精确定位与标识，方便现场检查，也为后期的维养决策提供数据基础。下面以青州航道桥钢箱梁构件为例，介绍子构件的划分情况。

将钢箱梁横向整体拆分为左侧风嘴、左侧箱室、中间箱室、右侧箱室、右侧风嘴，并分别用LF、LX、MX、RX、RF表示，如图2.2-8所示。

图2.2-8　钢箱梁5大箱室示意图

在5大箱室的基础上，沿桥梁前进方向，从左到右划分左侧边腹板、左侧中腹板、右侧中腹板、右侧边腹板。根据钢箱梁制造板单元类型，将钢箱梁构件划分为：顶板及加劲肋、左(右)侧边腹板及加劲肋、左(右)侧斜底板及加劲肋、底板及加劲肋、左(右)侧中腹板及加劲肋、横隔板(横肋板)及加劲肋、左(右)侧风嘴及加劲肋一级子构件，如图2.2-9所示。

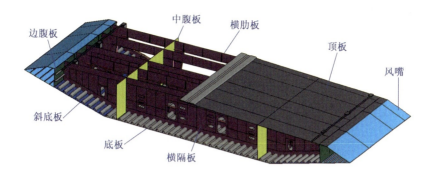

图 2.2-9 典型钢箱梁构造示例

以"1-01 主梁"构件为例,介绍一级子构件的划分及编号方式。

(1)顶板/底板/斜底板/边腹板/中腹板及加劲肋:在箱室的基础上,将相邻横隔板(横肋板)之间的一块板及加劲肋当作一个构件,沿桥梁前进方向,依次进行编号。编号采用"构件编号"_"箱室编号"_"板及加劲肋编号"3部分组成,如"1-01 主梁_MX_1 号顶板及加劲肋"。

(2)横隔板(横肋板):在箱室的基础上,将每块横隔板(横肋板)及加劲肋作为一个构件,沿桥梁前进方向,依次进行编号,编号方式同顶板及加劲肋编号方式。

根据钢箱梁制造板单元组成,将一级子构件进一步划分为二级子构件。如对于顶板及加劲肋进一步划分为顶板、加劲肋以及焊缝3类二级子构件。

(1)顶板:将相邻横隔板(横肋板)之间的一块板当作一个构件,顶板的编号方式同一级子构件编号方式,如"1-01 主梁_MX_1 号顶板及加劲肋_顶板"。

(2)加劲肋:将每块加劲肋当作一个构件,在每块板内,沿桥梁前进方向,从左到右依次对每块加劲肋进行编号,如"1-01 主梁_MX_1 号顶板及加劲肋_1 号加劲肋"。对于加劲肋竖向排列时,按从下到上的顺序进行编号。

(3)焊缝:钢箱梁焊缝可分为制造板单元内部的焊缝、钢箱梁节段内壁板之间的焊缝、相邻钢箱梁节段壁板间焊缝、横隔(肋)板与其他壁板间的焊缝几种。

3)人工岛结构解析

按地理位置等情况,将港珠澳大桥人工岛工程结构分为2个人工岛评定单元(评定单元名称中的桩号为建设期桩号)。按路线前进方向(珠海到香港方向),人工岛评定单元依次分别为:西人工岛(K12+584~K13+173)和东人工岛(K6+339~K6+964)。

将人工岛划分为不同的评定单元后，一个评定单元内，以东人工岛为例，将东人工岛划分为基础、护岸结构、岛内工程、救援码头四大部位结构形式，西人工岛的部位结构形式在东人工岛的基础上增加了暴露试验站，如图2.2-10所示。

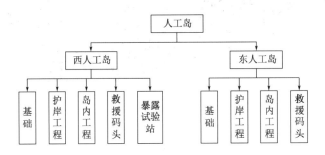

图2.2-10　东、西人工岛部位划分

基础部位划分为钢圆筒围堰、副格钢弧板、连接件。对于其中的钢圆筒围堰而言，按一个钢圆筒一个构件。一个评定单元内，东人工岛钢圆筒构件划分方式及命名示例如图2.2-11所示，总共58个构件。对于东人工岛评定单元沿路线前进方向的顺序，钢圆筒构件命名为：

（1）对于在大桥轴线上的一个钢圆筒不分为南北侧，可命名为：钢圆筒_0号。

（2）北侧钢圆筒沿前进方向的顺序命名为：北侧钢圆筒_1号、北侧钢圆筒_2号、……、北侧钢圆筒_29号。

（3）南侧钢圆筒沿前进方向的顺序命名为：南侧钢圆筒_1号、南钢圆筒_2号、……、南侧钢圆筒_29号。

钢圆筒构件按照从底向上的顺序可分为底部加强板、筒身、顶部加强板3个一级子构件，一级子构件可将其上一级的构件名作为前缀接续命名。例如，对构件"钢圆筒_0号"，其一级子构件划分及命名为：钢圆筒_0号_底部加强板、钢圆筒_0号_筒身、钢圆筒_0号_顶部加强板。一级子构件命名示例如图2.2-12所示。

钢圆筒的一级子构件还可以继续细分，例如：筒身可以继续划分为筒壁、宽榫槽、加强横肋、加强竖肋4个二级子构件，底部加强板与底部加强板不再继续划分。对一级子构件"钢圆筒_0号_筒身"，其二级子构件划分及命名为：筒身_筒壁、筒身_宽榫槽、筒身_加强横肋、筒身_加强竖肋。

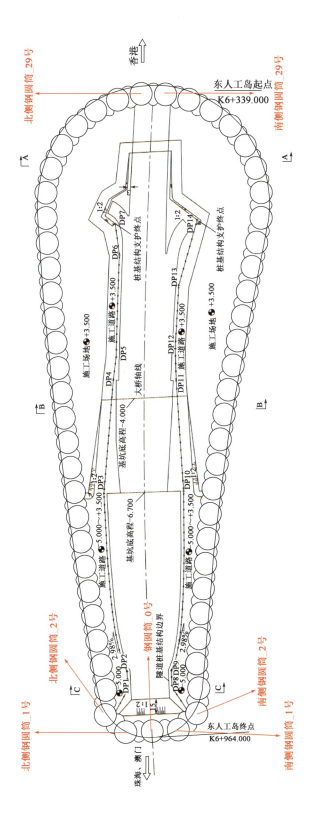

图 2.2-11 东人工岛钢圆筒构件命名示例（尺寸单位：mm；高程单位：m）

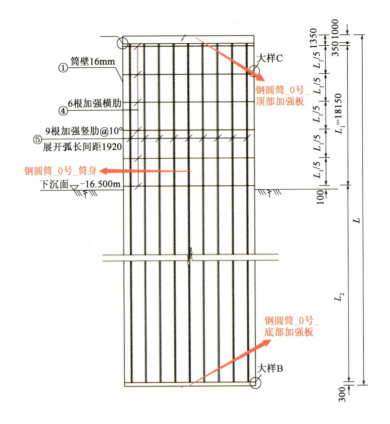

图 2.2-12 一级子构件命名示例（尺寸单位：mm）

钢护筒的二级子构件还可以根据实际组成数量继续细分为三级子构件,对于筒壁这个二级子构件来说,它只有一个,不再划分三级子构件。钢圆筒（三级子构件）划分及命名示例如表 2.2-3 和图 2.2-13 所示。

钢护筒（三级子构件）的编号命名　　　　　表 2.2-3

三级子构件	命名格式	含义	示例
宽榫槽	n 号宽榫槽	沿前进方向顺时针第 n 个宽榫槽	1 号宽榫槽、2 号宽榫槽、……、n 号宽榫槽
加强横肋	n 号加强横肋	从下向上第 n 根加强横肋	1 号加强横肋、2 号加强横肋、……、n 号加强横肋
加强竖肋	n 号加强竖肋	沿前进方向顺时针第 n 根加强竖肋	1 号加强竖肋、2 号加强竖肋、……、n 号加强竖肋

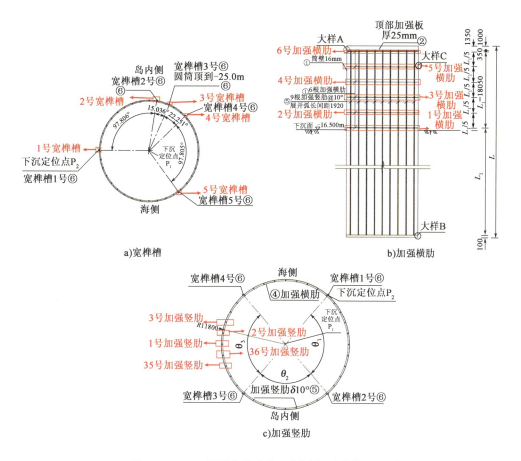

图 2.2-13 三级子构件命名示例（尺寸单位：mm）

4）隧道结构解析

港珠澳大桥隧道里程桩号范围为 K6+347.454～K13+164.00，总长为 6704m，纵向分为岛上段和沉管段。根据养护需求，将隧道划分为五个评定单元（即养护区段），按照从珠海到香港方向依次为：西人工岛隧道敞开段、西人工岛隧道现浇暗埋段、沉管隧道、东人工岛隧道现浇暗埋段、东人工岛隧道敞开段。

港珠澳大桥隧道评定单元具体划分及编号见表 2.2-4。

隧道评定单元划分　　　　表 2.2-4

隧道编号	单元分解结构	里程范围	长度(m)
T001	东人工岛隧道敞开段	K6+347.454～K6+693.281	345.827
T002	东人工岛隧道现浇暗埋段	K6+693.281～K6+924.00	230.716
T003	沉管隧道	K6+924.00～K12+588.00	5664.000

续上表

隧道编号	单元分解结构	里程范围	长度(m)
T004	西人工岛隧道现浇暗埋段	K12+588.00~K12+781.00	193.000
T005	西人工岛隧道敞开段	K12+781.00~K13+164.00	383.000

注:隧道编号按《港珠澳大桥主体工程运营维护技术手册(试行)》执行。

图 2.2-14 给出了隧道的部位划分方式。对于东人工岛隧道敞开段评定单元,是将东人工岛隧道敞开段划分为基础、减光段上部结构、敞开段主体结构、敞开段附属结构、交通工程设施 5 大部位结构形式,西人工岛隧道敞开段评定单元的部位结构形式与东人工岛隧道敞开段划分相同;对于东人工岛隧道现浇暗埋段评定单元,是将东人工岛隧道现浇暗埋段划分为基础、洞门、暗埋段主体结构、暗埋段附属结构、交通工程设施 5 大部位结构形式,西人工岛隧道暗埋段评定单元的部位结构形式与东人工岛隧道暗埋段划分相同;对于沉管隧道评定单元,是将沉管隧道划分为基槽与基础、沉管管节、管节接头区域、最终接头区域、节段接头区域、沉管段附属结构、防护结构和交通工程设施。

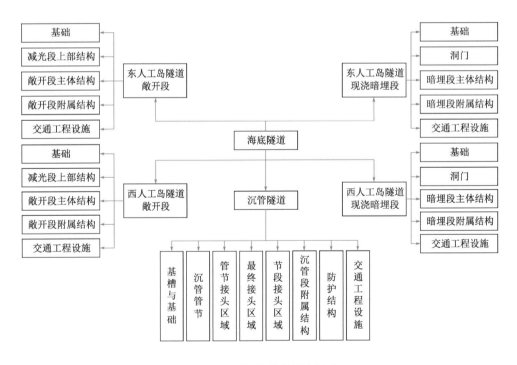

图 2.2-14 海底隧道部位划分

隧道敞开段结构解析及命名以西人工岛隧道敞开段为例(图 2.2-15),东人工岛隧道敞开段构件划分及命名可参照执行。

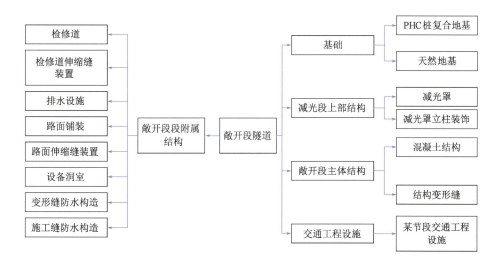

图 2.2-15　敞开段隧道部件划分

对于西人工岛敞开段,基础分为两种类型:PHC 桩(预应力高强混凝土管桩)复合地基和天然地基。因此基础分为 2 个部件。隧道基础平纵布置如图 2.2-16 所示。

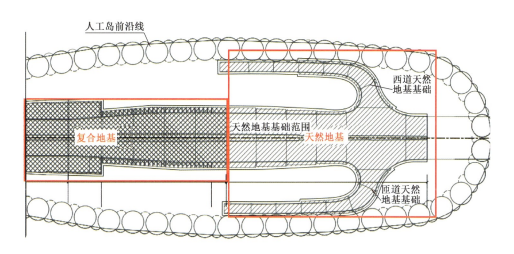

图 2.2-16　隧道敞开段基础平纵布置图

敞开段主体结构分为混凝土结构、变形缝 2 个部件。敞开段附属结构可以分为检修道、检修道伸缩缝装置、排水设施、路面铺装、路面伸缩缝装置、防撞护栏、设备洞室、变形缝防水构造、施工缝防水构造 9 个部件。

对于沉管隧道的基础而言,基础可以分为E1-S1节段、E1-S2节段、E1-S3节段、E1-S4节段、E1-S5节段、……、E33-S1节段、E33-S2节段、E33-S3节段、E33-S4节段、E33-S5节段、E33-S6节段共253个构件。其构件命名为:基础_E1-S1节段、基础_E1-S2节段、基础_E1-S3节段、基础_E1-S4节段、基础_E1-S5节段、……、基础_E33-S1节段、基础_E33-S2节段、基础_E33-S3节段、基础_E33-S4节段、基础_E33-S5节段、基础_E33-S6节段。

基础部件的构件还可以继续细分为挤密砂桩、排水碎石垫层、排水沙井、高压旋喷桩4个一级子构件(E1~E6-S2、E30-S4~E33,其中高压旋喷桩只在E1-S1节段、E1-S2节段、E33-S5节段、E33-S6节段才有)。其一级子构件的命名为:E1-S1节段_高压旋喷桩、……、E6-S2节段_挤密砂桩、E6-S2节段_排水碎石垫层、E6-S2节段_排水沙井、E6-S2节段_排水碎石垫层、……、E30-S5节段_排水碎石垫层、E30-S6节段_挤密砂桩、E30-S6节段_排水碎石垫层、E30-S6节段_排水沙井、……、E33-S6节段_高压旋喷桩。

2.2.2 智能运维数据标准

标准是港珠澳大桥三维可视化数据模型创建的基础,是确保数据模型质量及可用性的重要手段。本小节将对数据模型构建过程中所遵循的标准做一简要介绍。

(1)《桥岛隧智能运维数据 桥梁结构》

规定了桥梁结构的层级划分、划分后的各层级结构所应赋予的几何及非几何属性,以及结构对象间的关联关系。适用于梁式桥和斜拉桥的结构数字化,可为其他类型桥梁结构数据标准化提供参考。

(2)《桥岛隧智能运维数据 沉管隧道结构》

规定了沉管隧道结构层级划分及属性的基本要求,给出了沉管隧道及其构件、子构件、零件的元数据,提供了沉管隧道结构的分类编码。适用于沉管隧道结构数据标准化,包括土建结构和附属结构及设施。

(3)《桥岛隧智能运维数据 人工岛结构》

规定了人工岛结构层级划分及属性的基本要求,给出了人工岛及其构件、子构件的元数据,提供了人工岛结构的分类编码。适用于跨海通道人工岛结构数据标准化。

(4)《桥岛隧智能运维数据 交通工程设施结构》

规定了交通工程设施结构层级划分及属性的基本要求,给出了交通工程设施及其构件、子构件零件的元数据,提供了交通工程设施结构的分类编码。适用于跨海通道交通工程设施结构数据标准化,包括交通安全设施和机电设施。

(5)《桥岛隧智能运维数据 信息分类和编码》

规定了桥岛隧跨海通道工程运维期信息分类、编码原则、编码扩展的要求,提供了桥岛隧跨海通道工程构件、属性和材料的分类编码表。适用于桥岛隧跨海通道工程智能运维的标准化建设。

(6)《桥岛隧智能运维数据 信息模型交付》

规定了桥岛隧信息模型交付过程中的命名规则、协同规定、交付内容、交付形式等。适用于桥梁、沉管隧道、人工岛及交通工程设施的运维模型交付,可为其他类型以及其他阶段的信息模型交付标准化提供参考。

2.3 数据模型构建方法

港珠澳大桥海中主体工程长约29.6km,建模内容为主体工程及交通安全设施,人工岛上的建筑物需做出建筑外观以做示意。

项目的工作内容主要为精细度为LOD500、LOD300以及LOD100的港珠澳大桥数据模型,在港珠澳大桥三维可视化模型数据创建的过程中,依据《桥岛隧工程信息分类和编码》《港珠澳大桥结构解析及命名方案,桥梁、人工岛、隧道篇》《关于颁布港珠澳大桥主体工程运营维护技术手册》(港珠澳桥总〔2018〕6号)等进行数据生产,力求实现模型信息全覆盖。

项目工作内容为港珠澳大桥全桥16个桥梁评定单元、2个人工岛评定单元、5个沉管隧道评定单元的LOD100/300/500精度的模型创建工作,其中LOD500模型建模工作内容清单见表2.3-1。

建模工作内容清单　　　　　表 2.3-1

评定单元代码	建模部位	建模标准要求构件数量(个)
01	珠澳口岸互通立交 C 匝道桥	345
02	收费站暗桥	6330
03	珠澳口岸连接桥	4002
04	浅水区非通航孔桥 85m 组合梁桥（K34+435~K35+370）	76878
05	九洲航道桥	123495
06	浅水区非通航孔桥 85m 组合梁桥（K29+237~K33+742）	369188
07	深水区非通航孔桥（K28+247~K29+237）	327019
08	江海直达航道桥	386705
09	深水区非通航孔桥（K18+783~K27+253）	2675572
10	青州航道桥	389940
11	跨越崖 13-1 气田管线桥	106009
12	深水区非通航孔桥（K13+413~K17+263）	1210888
13、14	西人工岛结合部非通航孔桥	490
15、16	东人工岛结合部非通航孔桥	589
I1	西人工岛	1630
I2	东人工岛	2110
T1	西人工岛隧道敞开段	167
T2	西人工岛隧道暗埋段	240
T3	沉管隧道 E1-E33	12804
T4	东人工岛隧道暗埋段	198
T5	东人工岛隧道敞开段	182

　　港珠澳大桥桥岛隧数据模型的构建主要包含两部分工作内容：几何模型的构建、属性文档数据初始化。数据模型构建的主要工作流程如图 2.3-1 所示。

　　本小节对桥岛隧数据模型构建过程中的重难点进行分析，并给出相应的对策，以供其他跨海集群工程项目参考。

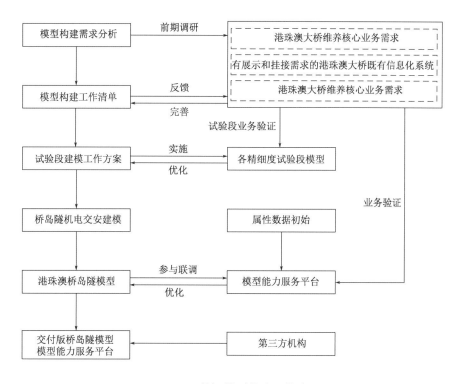

图 2.3-1　数据模型构建工作流程

2.3.1　多专业协同

港珠澳大桥项目包含桥、岛、隧三类结构,同时需要对配套的机电交通安全设施进行三维建模。因此对于桥岛隧之间的衔接以及机电交通安全设施模型拟合成为大桥三维建模的重点问题。港珠澳大桥数据模型构建的多专业协同工作开展,主要从以下几个方面着手:

(1)建立统一的建模工作环境,主要包括:统一建模软件、统一建模基准(模型坐标系定义、建模单位定义、模型材质定义)、建立协同平台。

(2)明确模型文件拆分和组合原则、模型文件命名规则、模型文件存储的目录结构。

(3)明确模型构件的命名规则、编码规则。确定构件元数据使用的标准,本项目主要使用"2.2.2 智能运维数据标准"节中列举的相关标准。

(4)建立协同工作机制,主要包括:明确建模团队组织架构、建立团队间协同沟通机制、建立质量管控机制。

2.3.2 模型轻量化

港珠澳大桥全部进行高精度三维建模完成后模型体量非常巨大,如何克服海量模型给渲染引擎带来的压力,保证达到模型能力服务平台数据迁移率指标的同时能比较流畅地加载全桥模型也是要攻克的难点。港珠澳大桥模型轻量化工作主要从业务和技术两个方面开展。

1)从业务出发对建模内容进行简化

港珠澳大桥模型构建采用以终为始的原则,紧扣维养业务需求确定建模的工作内容。我们从几个示例来说明这个规则如何实施。

在建设期钢筋模型是三维模型必须包含的内容,但在养护阶段钢筋并不是维养的目标对象,因此在本项目建模中钢筋模型是没有建立的。对于螺栓连接板,模型构件是定到单个螺栓还是将其作为一个整体,根据维养标准定义的最小养护单元,可明确将螺栓连接板作为一个整体构件即可。对于人工岛上防浪的纽工字块,模型是否需要每个作为一个独立的构件,根据维养标准纽工字块是分区分片管理的,因此可以分区分片作为一个模型构件。

焊缝是港珠澳大桥重要的维养对象,全桥400多万条焊缝,全部进行三维模型建模,并对每条焊缝进行了独立的编码。

从以上3个示例我们可以看出,从业务需求出发既可减少不必要的建模内容,也可通过组合减少模型构件的数量。这都对模型体量的减少有较大的帮助。

2)优化模型轻量化技术

三维场景中的模型的三角面越多、纹理越多,显示的帧率就会降低。这个时候呈现给用户的感觉是数据加载慢和操作不流畅。因此,需要提前对模型数据做一些优化处理。从设计模型转换到轻量化展示模型,中间主要经历了两个处理过程,一个是几何转换,一个是渲染处理,这两个处理过程的好坏直接影响到最终轻量化展示的效果。本项目主要优化策略如下:

(1)通过参数化描述,适当减少三角面,从数据源头减小模型顶点数量。

(2)相似性算法。采用图元合并等技术方案减少图元数量。通过这种方式我们可以有效减少图元数量,达到轻量化的目的。

(3)合并纹理,数据中可能存在成百上千的纹理贴图,不可避免地会出现纹理大小不一样的数据,将不同的纹理贴图合并成单个纹理可以有效减少数据量。

(4)相近空间模型合并,给所有的模型数据赋予一个全局网格编号,相同网格编码的模型可以合并以减少渲染次数加快整体渲染速度。

2.3.3 三维数据瓦片化

港珠澳大桥三维模型虽经轻量化后,依然体量巨大。对于大体量模型流畅渲染,现在比较成熟的解决方案是采用 HLOD(Hierarchical Level of Detail)技术来实现三维模型的分层级按需加载。采用 HLOD 技术需要首先对三维模型进行瓦片化处理。

一般的三维瓦片剖分方式大多是在数据自身的基础上,通过八叉树或者 KD 树(K-dimension tree)实现数据的分块。这种剖分方式在显示功能上能达到目标效果,但实现模型的局部更新将变得非常困难。因为这种分块方式网格不是固定的,更新构件会打破原有的空间关系,只能将更新构件与原有的数据结合起来重新分块,基本上等于数据从头开始转换发布。在模型体量巨大的时候,这种更新耗费的时间会很长,同时之前的数据版本将全部废弃,这种方式不适合实际项目应用的需求。青州桥三维模型空间网格剖分结果如图 2.3-2 所示。

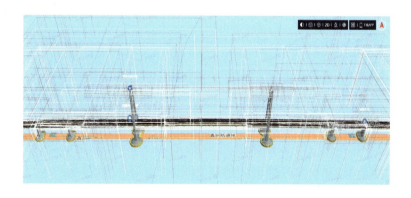

图 2.3-2 青州桥三维模型空间网格剖分结果

本项目采用创新性的固定空间网格剖分方法来实现三维模型的瓦片化处理。通过全球空间固定网格,根据构件的真实地理位置以及包围盒大小,将构件划分到不同等级的空间网格中,同一网格的构件整合成一个瓦片进行分块处理。由于每个瓦片对应的空间网格编码是固定的,后续如果有模型更新时,根据模型的空间位置可以得到其对应的空间网格,这样可以定位到具体需要更新的瓦片。将更新模型数据与更新的瓦片内的模型数据结合起来,只需要对这部分数据进行瓦片划分以及生成,最后更新索引文件即可达到模型构件级的更新。

采用此处理方案不但能实现模型构件的动态更新,还可以利用空间网格的特性进行三维模型空间分析和计算。

2.4 数据模型应用

港珠澳大桥数据模型构件完成后,为对业务应用提供支撑,需通过数据模型服务平台实现。

2.4.1 数据模型服务平台

数据模型服务平台围绕三维空间数据,以三个统一为目的,通过三维数字空间服务,为业务应用提供统一的三维数据模型服务,以满足各业务场景对数字空间的使用需求。

统一的空间数据解析和转换能力,实现对各类模型文件,包括数据模型、倾斜摄影、三维点云、二维矢量、卫星影像、全景影像、DEM 数据等的解析和转换。

统一的三维数据模型数据管理和服务能力,实现各类模型数据的集中的存储、统一的管理和实时的服务。

统一的多源异构空间数据融合渲染能力,实现以模型为锚点,叠加各类业务、实时感知数据,并以三维的方式展示。

港珠澳大桥数据模型服务平台具有以下特点:

1) 超大体量

支持城市级交通基础设施管理与超大体量单一项目管理,支持不限数据量的模型加载,满足大区域路网及数据场景展示。

2)构件管理

实现构件级数据管理,支撑设施精细化管控。提供空间元数据标准定义和基于标准的属性数据初始化和管理工具,覆盖行业全要素,支持构件级数据管理,支撑设施精细化管控,满足空间数据和数据标准的统一存储、统一治理和统一服务。

3)多源融合

可承载国内外主流格式的二、三维数据,实现多源异构数据融合汇聚。

4)模型精准

工程级精细模型,构件几何特征不损失,支持平移、旋转、剖切、测量等功能,满足工程测量等业务需求。

5)空间检索

基于北斗空间网格实现基于位置的构件级数据检索和推送。

6)开放易用

一模多引擎,一套模型数据支持多种渲染引擎,满足多样化的业务场景需要;一模多端,一套模型支持在云端、计算机(PC)端、移动端共同使用,以支持多用户协同工作;提供丰富的开放接口与文档、在线开放环境,支撑全生命周期应用开发。

2.4.2 数据模型典型应用

1)性能评定

以人工岛性能评定为例,人工岛评估系统实现了人工岛服役状态专项指标的仿真与评估,人工岛评估系统根据东、西人工岛的现场监测数据和仿真结果,开展堤顶越浪、堤前冲刷和岛体稳定的专项评估,对评估过程产生的异常状况进行实时预警。人工岛评估系统如图2.4-1所示。

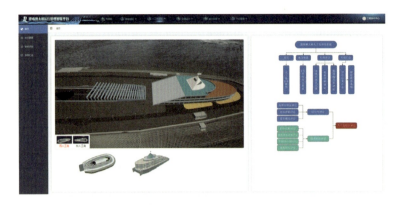

图 2.4-1　人工岛评估系统

2）维养决策

从设施全寿命周期考虑，以设施保值增值为目标，以中长期规划为指导，根据结构性能劣化的规律，构建智能维养决策模型，更加合理地建立年度维养计划和中长期维养规划，从而科学高效地开展维修养护活动。维养决策系统（图 2.4-2）已经接入港珠澳大桥的数据，并利用这些数据进行设备和设施的维护管理。系统通过对设备的状态数据、运行记录、维护历史等信息进行数据分析，并运用决策算法来支持维护团队做出有效的维护决策。

图 2.4-2　维养决策系统

3）交通监控

交通运行系统展示各类交通数据信息。实时获取交通信息并进行监测、管理和优化交通运输。通过集成各种传感器、监控设备、数据分析算法和通信网络来实现。运营管理服务综合评价系统如图 2.4-3 所示。

图 2.4-3　运营管理服务综合评价系统

4）应急处置

在雷达、无人机等设备的加持下，从感知、通信、指挥、实施多方面多层次进行数据汇聚与方案分析，以《面向公路数字化的智能巡查》《基于雷达组群的道路全域交通数字孪生及风险预警》《基于人机协同的运维应急技术》《安全运数据汇聚与运维作业评价》四本标准为指导，构建了适应于不同场景的应急处置系统，实现了全过程三维可视化应急演练，支持最优决策方案的交通运行及应急管控。

应急指挥系统（图 2.4-4）展示各类交通数据信息。当风险发生时启动风险管控，在三屏联动页快速锁定事件，监控人员现场确认事件后并启动应急响应，应急处置系统接到突发事件后，监控员立即确认处置突发事件，系统定位事件位置并关联上下游摄像机，监控员查看突发事件现场并进行信息补充，信息确认后经值班领导授权，启动Ⅳ级应急响应。

图 2.4-4　应急指挥系统

5）空间管理

空间管理包括红线范围内地上和地下空间管理、安全保护空间管理、功能空间管理和养护作业空间管理等。空间管理模型基于运维基础模型，结合红线范围内地上与地下空间、安全保护空间、功能空间及养护作业空间等信息创建，并将空间信息关联或附加到模型或模型元素。空间管理模型与地上与地下空间对象保持一致，并将空间名称、分类、编号、位置、用途、使用状态、使用期限及管理单位等信息与模型元素关联。空间管理模型需根据空间资源利用、空间变化等信息进行更新。

2.5 本章小结

本章首先介绍了工程数据模型的现状和需求，其次着重介绍了包括桥岛隧结构解析和智能运维数据标准相关的数据模型构建标准，并从多专业协同、模型轻量化和三维数据瓦片化三个角度介绍了数据模型的构建方法，最后梳理总结了基于数据模型的典型应用。

CHAPTER 3 | 第 3 章

跨海集群工程维养领域知识库

3.1 概述

跨海集群工程的维养领域知识多以文本形式被分散在各种维养标准中,难以被计算机理解并用于辅助决策。传统维养领域知识库多是由专家分析维养标准,手工构建而成。知识图谱是指一种大规模知识工程,是自然语言处理、深度学习和数据库等一系列技术的总和。因此,可以采用知识图谱相关技术将文本知识转化成计算机能理解的结构化知识,将分散在各标准中的领域知识进行融合管理,从而提升跨海集群工程维养领域知识库构建的自动化程度。

在采用知识图谱技术建立知识库时,主要涉及知识的表示、抽取、融合和存储。在维养领域的知识表示方面,针对传统本体模型不能满足领域知识的模糊性表达需求的问题,将采用模糊本体表示维养领域知识。在面向非结构化文本的知识抽取方面,将采用深度学习模型进行维养领域实体的自动识别。知识抽取旨在从多源数据中获取结构化知识,但还需将不同来源的知识经过对齐加工统一到相同的知识框架下,从而降低知识图谱的冗余程度,促使知识连接更加稠密,这个过程被称为知识融合。知识融合主要包括本体层的融合和数据层的融合。本书采用先建立本体模型再建立数据层这种自上而下的知识图谱构建方式,主要涉及数据层的融合。具体要解决的问题就是从多源数据中所抽取到的维养领域知识中找到存在含义相同但名称不同的实体对(即等价实体对),该任务被称为实体对齐。例如,《公路养护工程质量检验评定标准 第一册 土建工程》(JTG 5220—2020)中的"支座更换"与《公路桥梁养护工程预算定额》(JTG/T 5612—2020)中的"更换支座"均是指同一种处治措施,类似的等价实体对还有"结构性裂缝"与"结构裂缝"、"伸缩装置"与"伸缩缝装置"等。为解决维养领域实体对齐问题,将提出基于加权余弦距离的实体对齐方法,该方法使用词嵌入模型从包含实体的文本中学习实体语义信息的向量表示,使用加权余弦距离将两个实体的字符串特征考虑进来,从而充分利用已有信息实现领域实体对齐。在知识融合后,还需要完成维养领域知识的持久化存储,以便为后续的基于知识图谱的应用开发提供数据支持。考虑到维养领域知识包括文本、图片甚至文档等知识,将采用图数据库和文件存储服务器相结合的存储策略实现维养领域的多模态知识的存储。最后,对于分布较为集中,且内容不多的领域知识(如养护定额、养护工程质量检验评定标准等),辅以人工方式收集,从而完成维养领域知识库的构建。

3.2 基于知识图谱的知识库构建技术

3.2.1 基于模糊本体的知识表示方法

基于本体的知识表示方法是使用本体的构成元素来形式化描述特定领域的知识。不同学者在聚焦不同的研究对象时,所采用的本体结构是不同的[1]。例如,海洋领域的流场语义本体是由概念、关系、属性和实例四元组构成的[1]。不过,多数领域的知识表示所采用的本体模型是采用由概念、实例、关系、函数、公理组成的五元组[2]。

对于维养领域的知识表示,可采用被广泛接受的五元组来表示[3],本体的形式化定义见式(3.2-1):

$$O = (C, I, R, F, A) \tag{3.2-1}$$

其中,O 指代本体(Ontology);C 指代维养领域中涉及的概念(Concept),与维养相关的专业术语通常可被抽象为概念,例如桥梁、评定单元等;I 指代实例,实例是概念的具体对象,例如:"港珠澳大桥"是"交通基础设施"概念的一个实例;R 指代关系,包括四种类型的关系:类与类之间的上下位关系、类与实例之间的"有实例(Has Individual)"关系、实例与实例之间的语义关系、实例属性与属性值之间的关系。后两者在使用 OWL 语言表示的本体中,分别被称作对象属性和数据属性。例如:"港珠澳大桥"与"九洲航道桥"之间存在实例关系"包括","九洲航道桥"实例的数据属性"长度"的值为"768m"。F 是指函数,是关系的一种特例,可以使用规则来定义函数,从而表述概念之间的映射关系。A 指代公理,是对概念和关系的定义、解释和约束的详细说明。部分公理的建模也可采用 SWRL(Semantic Web Rule Language)规则语言来表示。

这种传统本体所描述的关系是确定性的。为了满足维养领域知识的模糊性表达需求,受交通领域的时空模糊本体[4]的启发,本书给传统本体模型中的关系(尤其是实例之间的对象属性)增设一个表示关系强度的属性约束。关系强度反映了模糊关系的强弱程度,用于定量描述模糊关系的存在概率,其值域为[0,1]。关系强度可以通过从大量的实际案例中统计得到;当没有案例数据时,可以采用模糊数学相关理论将专家经验转化为隶属度,将隶属度作为关系强度值。模糊关系 R' 的形式化表达见式(3.2-2):

$$R' = (i_1, r, i_2, r_a) \tag{3.2-2}$$

其中,i_1 和 i_2 分别是指具体实例,r 指代 i_1 和 i_2 之间的关系,r_a 是指关系 r 的关系强度。可以使用 OWL(Web Ontology Language)本体中的注释属性(Annotation Property)来描述关系强度。OWL 语言是主流的本体描述语言,是以可扩展标记语言(Extensible Markup Language,XML)为基础,从 RDF 和 RDFS(即 RDF schema)演进而来的。

本体与知识图谱的关系颇为紧密。本体,在计算机领域是指对共享概念模型的形式化、规范化说明。一方面,本体模型侧重于定义概念、概念间关系及概念属性,本体中的实例并不多,而知识图谱更关注于大量实例[5]。本体模型可被认为是知识图谱的抽象表达,可用于管理知识图谱模式层以及指导知识图谱数据层的构建[6]。另一方面,本体模型可以转化为知识图谱,但转化的过程会造成本体模型中原有语义信息的丢失。这是因为本体模型可以使用 OWL 语言来形式化表示,OWL 语言预定义的词汇使得本体模型具备了形式化的语义,SWRL 语言进一步强化了本体的知识建模能力。而知识图谱是一种存储知识的数据结构,不具备形式化的语义。

3.2.2 面向非结构化文本的知识抽取

养护相关规范和书籍归纳记载了病害的检测方法和处治措施,例如《在用公路桥梁现场检测技术规程》中以文本的形式记录了桥梁常见的病害检测方法,各类养护规范也是以文本的形式收录了病害的处治措施。为从文本这种典型的非结构化数据中快速抽取检测方法和处治措施等知识,建立基于预训练语言模型(BERT)、双向长短期记忆网络(Bi-LSTM)和条件随机场(CRF)的实体识别方法,采用启发式规则的方式开展实体关系的识别。本书重点介绍基于 BERT-Bi-

LSTM-CRF 模型的领域实体识别。

1)实体识别模型概述

BERT-Bi-LSTM-CRF 模型框架如图 3.2-1 所示。该模型主要包括文本输入层、词嵌入层、Bi-LSTM 编码层、全连接层和 CRF 解码层。该模型的主要思路是以维养领域的句子文本为输入,先使用 BERT 预训练模型获取句子中每个字符的词向量,再使用 Bi-LSTM 模块进一步考虑每个字符的上下文信息对句子文本的向量进行双向编码,获取特征向量,之后通过全连接层改变特征向量的维度,以便输入到 CRF 模块,最后使用 CRF 模块解码得到最优的实体类型序列预测结果。图 3.2-1 中的 B-d、I-d、E-d 依次分别是 B-deficiency、I-deficiency、E-deficiency 标签的简写,指代"病害"实体的首位、中间位、末位的字符。

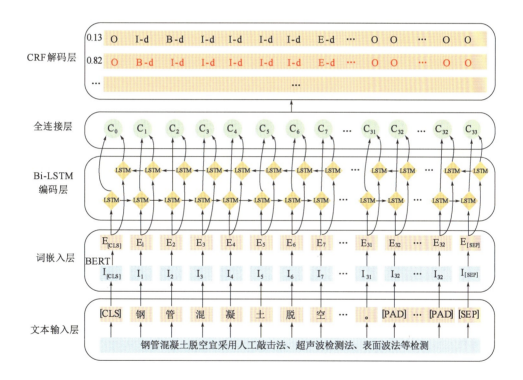

图 3.2-1 BERT-Bi-LSTM-CRF 模型框架

(1)文本输入层

文本输入层的作用是将句子文本分割为由单个字符组成的固定长度的字符序列。按 BERT 模型所需输入格式的要求,需要在句首和句尾分别加上特殊标识符[CLS]、[SEP]。此外,为获取固定长度的字符序列,需要截断过长的句子或使用[PAD]补齐过短的句子。例如,对于一个由 $W_1, W_2, W_3, W_4, W_5, \cdots, W_n$ 组成的句子,假设要求句子最大长度为 m,对该句子的预处理过程如图 3.2-2 所示。

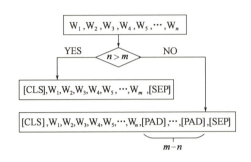

图 3.2-2　句子预处理过程

（2）词嵌入层

在深度学习领域,嵌入(Embedding)通常指将抽象离散对象(如单个字符)映射到连续向量空间的过程。在自然语言处理任务中,词嵌入层的作用是先将字符转换成整数编码,再转换成对应的低维向量。本书使用 BERT 模型获得句子文本中每个字符的词向量。BERT 是在海量语料库上预训练得到的一个深度双向语言表征模型,BERT 模型是由多个 Transformer 模块(一种基于注意力机制的复杂网络结构)构成。BERT 模型的输入向量是字向量、句向量和位置向量的加和,如图 3.2-3 所示。通过 Transformer 架构进行融合,最终输出的是句子中每个字符的向量。

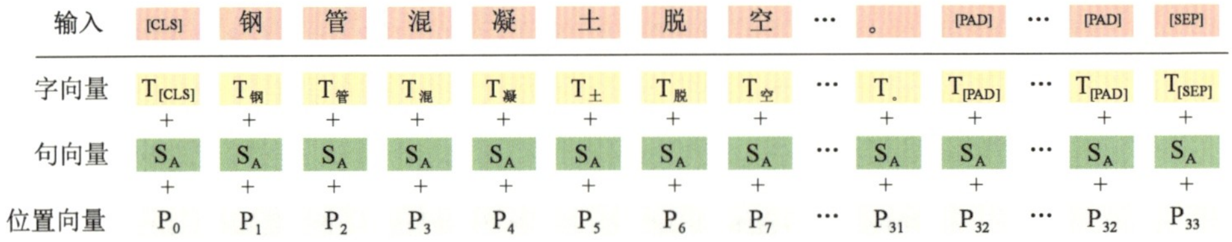

图 3.2-3　BERT 模型的输入表示

（3）Bi-LSTM 编码层

Bi-LSTM 模型是由前向 LSTM 和后向 LSTM 组成的特殊循环神经网络结构,能够学习到文本序列中的前向信息和后向信息。单个 LSTM 单元的基本结构如图 3.2-4 所示。

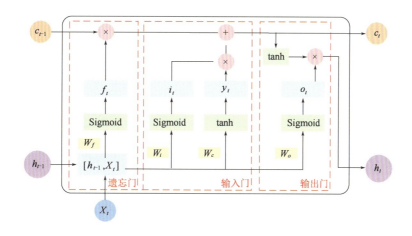

图 3.2-4　LSTM 单元基本结构

一个 LSTM 基本单元包括三个门控单元:遗忘门、输入门和输出门。这三个门控单元的计算式见式(3.2-3) ～ 式(3.2-7)。常可将 Dropout 技术引入BiLSTM 模型中以避免出现过拟合问题,从而提高模型的泛化能力。

$$f_t = \text{Sigmoid}(\boldsymbol{W}_f \cdot [\boldsymbol{h}_{t-1}, \boldsymbol{x}_t] + \boldsymbol{b}_f) \tag{3.2-3}$$

$$i_t = \text{Sigmoid}(\boldsymbol{W}_i \cdot [\boldsymbol{h}_{t-1}, \boldsymbol{x}_t] + \boldsymbol{b}_i) \tag{3.2-4}$$

$$\boldsymbol{C}_t = \boldsymbol{f}_t \otimes \boldsymbol{C}_{t-1} + \boldsymbol{i}_t \otimes \tanh(\boldsymbol{W}_c \cdot [\boldsymbol{h}_{t-1}, \boldsymbol{x}_t] + \boldsymbol{b}_c) \tag{3.2-5}$$

$$o_t = \text{Sigmoid}(\boldsymbol{W}_o \cdot [\boldsymbol{h}_{t-1}, \boldsymbol{x}_t] \boldsymbol{b}_o) \tag{3.2-6}$$

$$\boldsymbol{h}_t = \boldsymbol{o}_t \cdot \tanh(\boldsymbol{C}_t) \tag{3.2-7}$$

其中,$\boldsymbol{W}_f$、$\boldsymbol{W}_i$、$\boldsymbol{W}_c$、$\boldsymbol{W}_o$ 依次分别指遗忘门、输入门、候选记忆状态和输出门的权重矩阵;$\boldsymbol{b}_f$、$\boldsymbol{b}_i$、$\boldsymbol{b}_c$、$\boldsymbol{b}_o$ 依次分别指相应的偏置向量;$\boldsymbol{h}_{t-1}$ 和 $\boldsymbol{h}_t$ 依次分别指 $t-1$ 时刻和 t 时刻的隐层状态;$\boldsymbol{x}_t$ 是指当前 t 时刻的输入向量,也就是当前字符的词向量;f_t、i_t、o_t 依次分别指遗忘门、输入门、输出门的输出值;$\boldsymbol{C}_t$ 和 $\boldsymbol{C}_{t-1}$ 依次分别指 $t-1$ 时刻和 t 时刻的细胞状态值;$\otimes$ 是按位乘法运算符,表示两个维度相同的向量,每个相同位置上的对应元素相乘作为新向量对应位置的元素;Sigmoid 函数的表达式见式(3.2-8);tanh 是双曲正切函数,表达式见式(3.2-9)。

$$\text{Sigmoid}(z) = \frac{1}{1+\text{e}^{-z}} \tag{3.2-8}$$

$$\tanh(m) = \frac{\text{e}^m - \text{e}^{-m}}{\text{e}^m + \text{e}^{-m}} \tag{3.2-9}$$

(4) CRF 解码层

Bi-LSTM 模型仅是依据最大概率预测文本序列中每个字符的标签(即实体类型),并没有考虑相邻字符标签之间实际存在的约束关系(例如 I 标签是在 B 标签之后,在 E 标签之前)。为解决该问题,CRF 模型被加入实体识别模型中,通过对编码结果 $x = \{x_1, x_2, \cdots, x_{n-1}, x_n\}$ 进行解码,获得与文本序列中每个字符所对应的标签序列 $y = \{y_1, y_2, \cdots, y_{n-1}, y_n\}$。其采用的维特比解码算法可以同时考虑字符表征的语义信息和相邻字符的标签之间的概率转移关系。CRF 模型得分计算式见式(3.2-10)[7]。

$$S(X, y) = \sum_{i=0}^{n} A_{y_i, y_{i+1}} + \sum_{i=1}^{n} P_{i, y_i} \quad (3.2\text{-}10)$$

其中,A 表示状态转移矩阵,$A_{y_i, y_{i+1}}$ 元素是指标签 y_i 转移到标签 y_{i+1} 的概率得分;P_{i, y_i} 是指字符 x_i 被预测为标签 y_i 的概率得分;这两个得分可由所构造的节点特征函数和局部特征函数计算得到。然后,使用 Softmax 函数计算标签的概率得分归一化后的条件概率。Softmax 函数的计算式见式(3.2-11)[7]:

$$P(y|X) = \frac{e^{S(X,y)}}{\sum_{\tilde{y} \in y} e^{S(X,\tilde{y})}} \quad (3.2\text{-}11)$$

其中,y 是指序列 X 全部可能的标签组合;$\tilde{y}$ 表示序列 X 的真实标签。在模型训练阶段所采用的损失函数计算式见式(3.2-12)[7]:

$$\text{Loss} = \log[P(y|X)] \quad (3.2\text{-}12)$$

在解码阶段,采用维特比算法计算全局最优解,见式(3.2-13)[7]。其中,y^* 是得分函数取得最大值时所对应的标签序列。

$$y^* = \mathrm{argmax}[S(X, \tilde{y})] \quad (3.2\text{-}13)$$

2) 实体识别实验

对 7 本标准的主体章节内容进行了实体标注,合计标注了 4518 条句子,最长句子的字符数是 172,最短句子的字符数是 5;合计标注了 156748 个字符,其中实体字符个数是 30123,非实体字符个数是 126625;单条句子中最多包含 20 个实体,最少包含 0 个实体。各类型实体数量的分布情况见表 3.2-1。

维养领域实体识别语料库实体数量分布情况 表3.2-1

实体类型	实体数量(个)		合计（个）	合计占比（%）
	标注语料库	数据增强语料库		
桥梁部件	4433	4	4437	44.53
桥梁病害	3117	399	3516	35.28
处治措施	1309	0	1309	13.14
检测方法	193	510	703	7.05
总计	9052	913	9965	—

注：实体数量是某类型实体在语料库中出现的总次数，当某实体重复出现多次时，是重复计数的；合计是指实体出现在标注语料库和数据增强语料库中的总次数；合计占比是某类实体合计数量与所有类型实体合计数量(即9965)的比值。

如表3.2-1所示，在标注语料库中，"桥梁部件"实体数量为"检测方法"实体数量的22.97倍。这就是典型的样本不均衡。由于桥梁维养活动主要是围绕桥梁部件和桥梁病害进行的，所以桥梁维养领域的文本句子中一般都会包括桥梁部件和桥梁病害实体，相应类别的实体数量也较多。例如在公路桥梁定期检测领域命名实体识别语料库[8]中，桥梁结构实体和桥梁结构病害实体的数量均大于1.3万个，是最少类别(即桥梁实体)的实体数量的24倍有余。在文献[8]中，桥梁实体的识别性能明显低于桥梁结构和桥梁结构病害实体的识别性能。一般而言，当不同类别间的实体数量差异超过10倍时，就需要考虑处理这种样本不均衡，当差异超过20倍时，就必须解决该问题[9]。

为增加少数类别的"检测方法"实体样本，首先考虑从其他桥梁检测标准中继续标注与检测方法相关的句子，但仅从《公路桥梁检测数据采集技术规程》(DB14/T 679—2012)、《桥梁结构检测技术规程》(DG/TJ 08—2149—2014)和《公路桥梁承载能力检测评定规程》(JTG/T J21—2011)等其他相关标准中找到22条句子。"检测方法"实体的句子样本依然是较少的。因此，采用数据增强方法对标注语料库进行扩充，扩充结果(含继续标注的22条句子)见表3.2-1。数据增强后，"桥梁部件"实体合计数量是"检测方法"实体合计数量6.31倍，两者之间差距明显缩小到10倍以内。从数量的角度，说明该数据增强方法能够有效缓解样本不均衡问题。

考虑到包含不同实体类型的句子数据量之间存在差异,本书以句子为单位,采用随机分层抽样方法将所建立的维养领域实体识别数据集按 8∶1∶1 的比例划分为互斥的训练集、验证集(也被称为开发集)和测试集。其中,训练集用于训练模型,验证集用于评估模型的性能和确定最优模型的超参数,测试集用于测试模型的最终性能,一般情况下,测试集仅被使用一次。各实体类型在 3 份数据集上的数量分布见表 3.2-2。

实验数据集上的实体数量分布　　　　表 3.2-2

实体类型	训练集(个)	验证集(个)	测试集(个)
桥梁部件	3513	427	497
桥梁病害	2825	340	351
处治措施	1050	131	128
检测方法	566	71	66

实体识别实验是在搭载了 NVIDIA Quadro P4000 显卡(显存为 8G)、英特尔 Core i7 中央处理器、32GB 内存的 Windows 工作站上进行的。采用 Python 语言(版本为 3.8),基于 PyTorch 深度学习框架(版本为 1.8.0)搭建了 BERT-Bi-LSTM-CRF 模型,其中,BERT 模型采用的是由哈尔滨工业大学开源的基于中文语料训练的中文预训练语言模型 Chinese-BERT-wwm。

在超参数配置方面,考虑到本语料库中 99.7% 的句子长度在 120 个字符以下和模型训练所需的计算资源,文本序列最大长度设置为 120。训练批次大小为 32,训练轮数为 20。Bi-LSTM 模型的隐藏层大小为 128,采用 Dropout 避免出现过拟合,Dropout 为 0.6,学习率为 3×10^{-5}。在 CRF 模块中,全连接层的参数为实体中的字标签总数,即 17。

为验证本书方法的有效性以及分析 BERT 预训练模型的引入对模型性能的影响,将本书所提方法与当前主流的实体识别模型 Bi-LSTM-CRF 进行对比。为降低数据集的随机划分所产生的实验偏差,按 8∶1∶1 的比例重复进行 10 次不同的训练集、验证集和测试集的划分。两个模型分别在这 10 组数据集上进行重复实验。为了评估数据增强对 BERT-Bi-LSTM-CRF 模型性能的影响,还在数据增强前的数据集上训练了 BERT-Bi-LSTM-CRF 模型。这三种模型在各自测试集上的性能对比见表 3.2-3。

不同模型的实体识别实验结果对比 表 3.2-3

实体类型	数据增强后的数据集上						数据增强前的数据集		
	Bi-LSTM-CRF 模型			BERT-Bi-LSTM-CRF 模型			BERT-Bi-LSTM-CRF 模型		
	精确率(%)	召回率(%)	F1值(%)	精确率(%)	召回率(%)	F1值(%)	精确率(%)	召回率(%)	F1值(%)
部件	78	82	80	76	86	81	74	85	79
病害	81	84	83	78	92	84	80	90	85
处治措施	67	56	61	80	75	78	65	72	69
检测方法	94	94	94	94	97	95	82	80	81
微平均值	79	80	80	78	87	82	75	85	80

从表 3.2-3 中可以看出,在同一份数据增强后的数据集上,BERT-Bi-LSTM-CRF 模型识别各类型实体的绝大多数性能指标是优于 Bi-LSTM-CRF 模型的。BERT-Bi-LSTM-CRF 模型识别各类型实体的 F1 值均是高于 Bi-LSTM-CRF 模型的,在总体性能指标方面,微平均 F1 值从 80% 提高到 82%。这些结果表明引入预训练语言模型 BERT 确实能提高模型性能。

从表 3.2-3 中可以看出,在数据增强后的数据集上训练得到的 BERT-Bi-LSTM-CRF 模型识别各类实体的各类性能指标基本都是高于数据增强前的。尤其是在识别原本是极少类样本的"检测方法"的性能提高幅度更加明显。在增强前的数据集上,BERT-Bi-LSTM-CRF 识别"检测方法"的精确率、召回率和 F1 值仅为 82%、80% 和 81%;而在数据增强后,BERT-Bi-LSTM-CRF 识别"检测方法"的精确率、召回率和 F1 值依次分别提高了 12、17 和 14 个百分点。从总体的微平均值来看,相比于数据增强前,数据增强后模型的精确率、召回率和 F1 值依次分别提高了 3、2 和 2 个百分点。这些结果表明本书所提出的事实性数据增强方法能够提高实体识别模型性能。

在一项通用领域的实体识别任务[10](主要是识别书名、电影名等实体)中,人工识别的精确率、召回率、F1 值依次分别为 65.74%、62.17% 和 63.41%。相比于人工识别性能,BERT-Bi-LSTM-CRF 模型在维养领域实体识别的微平均精确率(78%)、微平均召回率(87%)、微平均 F1 值(82%)方面依次高出 12.26、24.83 和 18.59 个百分点。这表明了本书所采用基于 BERT-Bi-LSTM-CRF 模型的维养领域实体识别方法的有效性。

3.2.3 基于加权余弦相似度的实体对齐方法

1) 实体对齐方法概述

基于语义相似度的实体对齐方法如图 3.2-5 所示,主要包括 3 个部分:①构建用于训练词向量模型的文本语料库:在中国知网上检索并下载了 220 余篇科技论文,并加入图书《桥梁养护与加固》。在命名实体识别的生语料库的基础上,增加了这些论文和书籍文本作为原始数据集。接着,对原始数据进行数据预处理,数据预处理的步骤与实体识别语料库构建中的数据预处理步骤相同。数据预处理后,总共得到 19200 余条句子,合计 881000 多个字符,句子平均字符数为 47。最后采用 jieba 分词工具结合领域词典对每条句子进行分词,词与词之间使用空格连接,从而形成一份包括 19800 余个不重复词语的词向量训练语料库。②训练词向量模型:使用 Word2Vec 模型的跳字模型在语料库上训练词向量。③计算实体名称向量,计算源实体与其他所有同类型实体的相似度,取相似度最大的前 k 个实体作为候选等价实体。

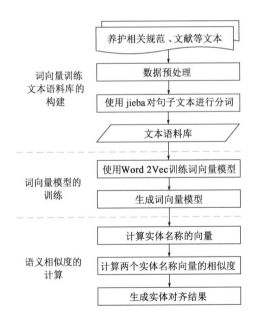

图 3.2-5 维养领域实体对齐流程

通过已训练得到的词向量模型可以得到语料库中每个词的向量,实体向量可以由组成该实体的所有词语的平均向量来表示。对于一个由 j 个词语组成的

某实体 e 的向量 V_e 的计算式见式(3.2-14)。

$$V_e = (V_{w1} + V_{w2} + \cdots + V_{wj})/j \tag{3.2-14}$$

其中，wj 表示第 j 个词语，V_{wj} 表示第 j 个词语的词向量。特别地，当在建立词向量训练语料库时，不对实体分词而是将实体作为一个完整的词语（所有实体均是由一个词语组成，即 $j=1$），在这样的语料库上训练得到的词嵌入模型可以直接给出实体的向量表示，本文称之为整体词向量。

实体之间的相似度可以使用实体向量之间的距离来衡量。实体向量距离主要有欧式距离和余弦距离两种。欧式距离是将词向量看作向量空间内部的点，计算点与点之间的直线距离，没有考虑向量的长度。余弦距离是通过计算两个向量之间的夹角余弦值来衡量它们的相似度，能够同时考虑向量的方向和长度。因此，余弦距离常被用于衡量实体之间的相似度。考虑到维养领域同义但不同名的实体之间一般是包括相同字词，提出一种基于共同词数量的加权余弦距离作为衡量实体之间的相似度的指标。两个实体 e 和 s 向量的加权余弦距离 $W\text{-}\cos\theta$ 的计算式见式(3.2-15)：

$$W - \cos\theta = w \times \frac{V_e \cdot V_s}{|V_e| \times |V_s|} \tag{3.2-15}$$

其中，V_e 和 V_s 分别表示实体 e 和 s 的向量；$|V_e|$ 和 $|V_s|$ 分别表示实体 e 和 s 的向量的长度；w 表示计算实体 e 和 s 向量的余弦距离时的权重，w 的计算式[11]见式(3.2-16)：

$$w = \begin{cases} 2 \times \dfrac{m}{n_e + n_s}, & m \neq 0 \\ 2 \times \dfrac{\mathrm{random}(0,1)}{n_e + n_s}, & m = 0 \end{cases} \tag{3.2-16}$$

其中，n_e 和 n_s 分别表示实体 e 和 s 所包括的词语的数量；m 表示实体 e 和 s 中所包括相同词语的数量；$\mathrm{random}(0,1)$ 表示位于区间 $[0,1)$ 内的随机数。例如，对于"更换支座"和"支座"两个实体，前者包括"更换"和"支座"2 个词语，后者不可被分词，仅有 1 个词语，这 2 个实体拥有 1 个相同词语。在计算这 2 个实体向量的余弦距离时，相应的权重 k 为 2/3。

两个实体向量的加权余弦距离越大，表明两个实体的含义越相似。因此，为找到某个实体的等价实体，可以通过计算该实体与其他所有实体的相似度（即向量的加权余弦距离),取相似度最大的候选实体作为该实体的等价实体。不过,一般在评价实体对齐模型效果时,通常会将相似度最大的前几个实体候选集合中是否包含等价实体作为补充的评价指标。

2) 实体对齐实验

使用 Gensim(一个开源 Python 库)中 Word2Vec 算法在词向量训练语料库上训练词向量模型,主要训练参数见表 3.2-4。训练得到的模型被保存为 .model 文件。后续,可调用该模型获取词语的向量。

Word2Vec 词向量模型训练参数　　表 3.2-4

训练参数	解释说明	设定值
sg	表示所使用的模型种类。0 表示 CBOW 模型,1 表示 Skip-gram 模型	1
size	表示训练生成的词向量的维度	200
window	表示窗口大小,即模型在预测当前中心词时考虑上下文词语的距离	5
min_count	表示训练过程中所使用的词语的最低出现次数。低于该次数的词将不参与训练,也就不能生成相应的词向量	1

以实体标注语料库中的实体作为实体对齐实验的基础数据,为快速建立实体对齐数据集,先使用字符串相似度算法从标注实体集合中初步筛选得到 1800 余组含义可能相同的实体对,再经过人工分析核对得到 335 组正确对齐的实体对。正确对齐的实体对与其他不正确的实体对(作为负样本)合并形成最终的实体对齐数据集。其中,正确对齐的部分实体对见表 3.2-5。在实体对齐数据集中共有 1364 个不重复的实体。本书实体对齐数据集与其他文献中的数据集的数量对比见表 3.2-6。从表 3.2-6 可以看出,本数据集与已有文献中的数据集规模基本相当,可以作为评价实体对齐模型的数据集。

实体对齐数据集中正确对齐的部分实体对　　表 3.2-5

实体类型	实体 1	实体 2	实体类型	实体 1	实体 2
处治措施	表面封闭修补	表面封闭法	桥梁部件	模数式伸缩缝	模数式伸缩装置
处治措施	气动冲击	气动冲击法	桥梁部件	河床铺砌	河底铺砌
处治措施	体外预应力加固	体外预应力补强	桥梁部件	球形支座	球型支座
处治措施	更换支座	支座更换	桥梁病害	异常变位	变位异常
检查方法	目视	目视观察	桥梁病害	空洞孔洞	空洞与孔洞

本书实体对齐数据集与其他文献中的数据集的数量对比 表 3.2-6

数据集类型	实体数量(个)	可对齐实体对数量(个)
科技论文书目相关[12]	1500 左右	117
电影名称[12]	7000 左右	800
人物名称[13]	300	200
影视名称[13]	240	200
维养领域实体名称(本书)	1364	334

选用实体对齐任务中常用的 Hits@k 和平均倒排序值(Mean Reciprocal Rank,MRR)作为评价指标。在实体对齐模型所预测出第 i 个实体的等价实体候选集合中,按相似度从大到小对候选实体进行排序;当前 k 个候选实体中包含等价实体时,则认为对第 i 个实体的等价实体的预测是正确的。Hits@k 表示正确预测的数量与标注数据集中的对齐实体对的数量比例,具体计算式见式(3.2-17),Hits@k 值越大,表示模型性能越好。k 常取 1、5 和 10。特别地,当 $k=1$ 时,Hits@1就是指实体对齐方法的准确率。Hits@k 的结果均以百分比表示。

$$\text{Hits@}k = \left[\frac{1}{n}\sum_{i=1}^{n} I(\text{rank}_i)\right] \times 100\% \quad (3.2\text{-}17)$$

其中,n 是标注数据集中的对齐实体对的数量;rank_i 是指在第 i 个实体中的前 k 个候选实体中,与第 i 个实体正确对齐实体的排序值;$I(\text{rank}_i)$ 是一个指示函数,具体表达式见式(3.2-18):

$$I(\text{rank}_i) = \begin{cases} 1, & \text{rank}_i \leq k \\ 0, & \text{rank}_i > k \end{cases} \quad (3.2\text{-}18)$$

平均倒排序值表示正确预测到的等价实体的排序值的倒数的平均值。MRR 具体计算式见式(3.2-14),该值越大,表示模型性能越好。MRR 的结果均以小数表示。

$$\text{MRR} = \frac{1}{n}\sum_{i=1}^{n}\frac{1}{\text{rank}_i} = \frac{1}{n}\left(\frac{1}{\text{rank}_1} + \cdots + \frac{1}{\text{rank}_n}\right) \quad (3.2\text{-}19)$$

为验证本书所提出的基于加权余弦相似度的实体对齐方法的性能,选取常用的基于余弦相似度的实体对齐方法作为对比方法,共实施了 4 组不同方法的实验。表 3.2-7 给出了 4 种方法的区别,图 3.2-6 给出了 4 种方法的实验结果。

4 种实体对齐方法的区别　　　　　　　　　　　　　　　表 3.2-7

方法	实体的向量表示	相似度指标	方法	实体的向量表示	相似度指标
方法 1	整体词向量	余弦距离	方法 3	平均词向量	余弦距离
方法 2	整体词向量	加权余弦距离	本书方法	平均词向量	加权余弦距离

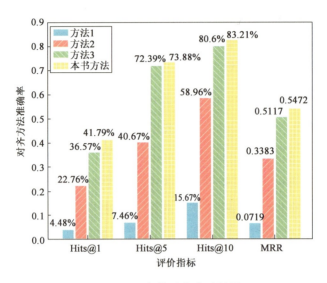

图 3.2-6　实体对齐实验结果

从图 3.2-6 可以看出,方法 1、2、3 和本书方法的各项评价指标均是依次递增的,这说明平均词向量和权重的引入有利于实体对齐模型性能的提升。方法 3 的各项指标均是方法 1 的 1.37 倍以上。这说明,相比于基于整体词向量的方法,基于平均词向量的方法能够大幅提升实体对齐模型的性能。这可能是因为相比对实体进行分词后的语料,实体作为整个词语的语料较少,词向量模型未能充分捕获实体的语义特征。方法 2 的各项评价指标是方法 1 的 3.76～5.45 倍;本书方法的各项评价指标是方法 3 的 1.02～1.14 倍。这说明加权余弦距离应用在使用整体词向量作为实体向量的情况下,性能提升幅度更大。需要注意的是,Hits@1 作为更严格的指标,也就是实体对齐准确率指标,本书方法的 Hits@1 是方法 3 的 1.14 倍,这说明加权余弦距离应用在平均词向量也能有较好的性能提升效果。

对于准确率指标 Hits@1 而言,本书方法的结果仅为 41.79%,似乎并不高。实际上,在通用领域的跨语言实体对齐任务中,即使是融合实体的结构信息、属性信息等多种信息的对齐方法,其 Hits@1 也只在 50% 左右[14],甚至是低于

30%[15]。这说明本书方法的准确率处于可行水平。对于 Hits@10 指标而言,本书方法的结果是 83.21%。这意味着在本书方法的所有实体对齐实验结果中,前 10 个候选实体中包括等价实体的识别结果占到 83.21%,说明对于绝大多数情况,人们只需要在前 10 个候选实体中确定可对齐实体而不需要在全部实体(如本书中的 1364 个实体)中确定等价实体。

3.2.4 知识存储策略

为了存储维养领域知识图谱中的三元组数据,需按照本体模型的结构设计 Neo4j 的数据结构,两者之间的对应关系见表 3.2-8。由于 Neo4j 中的边是具有方向性的,所以本体中的相反关系可以用两条方向相反的边来表示。但需要注意的是,在本体模型向 Neo4j 转换的过程中,难免会丢失本体模型中的规则知识。图 3.2-7 给出了将维养领域知识存储到 Neo4j 中的效果示意。

本体元素与 Neo4j 元素之间的对应关系　　　　表 3.2-8

本体中的元素	Neo4j 中的元素
概念	节点的标签(label)
实例	节点
数据属性	节点的属性
对象属性	节点之间的边
注释属性	边的属性

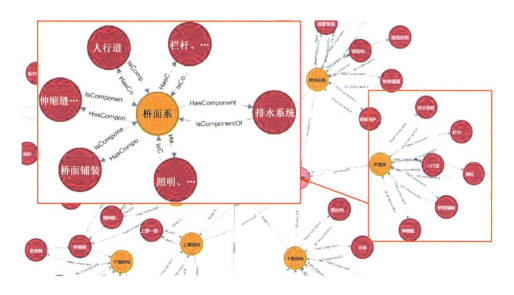

图 3.2-7　Neo4j 中的维养领域知识图谱的可视化效果

维养领域知识图谱是包括图片和文档在内的多模态知识图谱,而图数据库 Neo4j 并不支持图片和文档的直接存储。因此,本书选择使用文件服务器存储图片和文档等非结构化数据,在系统研发实践中,可以建立专门的数据存储服务器用于存储这些非结构化数据。同时,将图片和文档的存储地址保存到 Neo4j 中,从而将图片和文档与 Neo4j 建立联系,如图 3.2-8 所示。

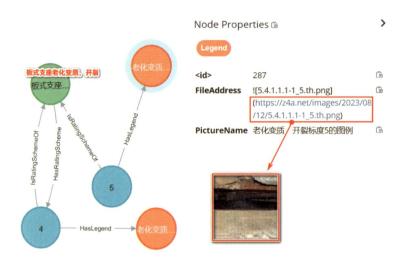

图 3.2-8　Neo4j 数据库与磁盘存储之间的联系

3.3　港珠澳大桥维养领域知识库

3.3.1　总体介绍

港珠澳大桥维养领域知识库包括了桥梁、隧道和人工岛维养过程中所涉及的构件库、病害库、检查库、措施库、定额库和验收库六大类知识库。各类知识之间存在复杂的关联关系。构件库包括桥岛隧结构解析数据,如评定单元、部位、部件、构件、子构件等基础数据。图 3.3-1 给出了构件库的主要实体内容。病害库是维养领域知识库的核心,主要包括桥岛隧构件的各种病害类型、子病害类型、测量项及其单位等。检查库包括病害的检测方法和检查装备等知识。措施库包括处治措施名称、维养步骤和维养装备等知识。定额库包括处治措施对应的定额名称、单位工程量和综合单价等养护费用相关知识。验收库包括处治措施所对应的养护工程质量检验标准,一般包括基本要求、实测项目和外观质量等验收知识。

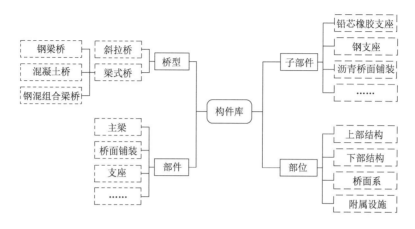

图 3.3-1　构件库主要内容实例

构件、病害、检测方法和处治措施等维养知识大多是分散在不同的维养标准中,可以采用知识图谱相关技术进行自动抽取、融合等。而养护费用和养护工程质量检验评定标准相关知识主要来源于《公路桥梁养护工程预算定额》(JTG/T 5612—2020)和《公路养护工程质量检验评定标准　第一册　土建工程》(JTG 5220—2020)。这些知识也多是表格形式,因此,可以手工从这些标准中提取相关知识。

养护工程预算费用包括建筑安装工程费、养护工程其他费用等。其中,建筑安装工程费包括直接费、税金、利润、措施费等。直接费(即定额直接费)包括人工费、材料费和施工机械使用费。建筑安装工程费中的其他费用(如税金、利润、措施费)大多以定额直接费中的部分或全部费用为基数,按一定费率取费得到。此外,定额直接费也被用于桥梁建设的经济性分析指标[16]。因此,选择定额直接费单价作为评估处治措施的养护费用指标是可行的。

以《公路桥梁养护工程预算定额》为例,该标准给出了 40 个定额项目,274 个定额子目。该标准还规定了每个定额项目的工程内容,以及每个定额子目的基价。对于某种处治措施的定额直接费单价的计算,可按实际所需的工程内容,选择相应的定额子目(有可能要从不同定额项目中选择若干种定额子目),再将实际涉及的定额子目的基价相加即可得到定额直接费单价。在表 3.3-1 中,定额项目"混凝土裂缝处理"按施工方法和所用材料的不同分了 4 个定额子目,其中采用"水泥砂浆"进行封闭裂缝的基价是 1829 元,该基价也就是处治措施"裂缝表面封闭法"的定额直接费用单价,计量单位是 100m。实际上,某病害的处治措施的定额直接费单价的计算要充分考虑施工方法、材料类型、地质条件、桥梁构件类型和工程量等多种因素,该计算过程是十分复杂的。在跨海集群工程维养领域知识库中,直接将处治措施与相关的定额子目关联,而非与定额项目关联。此处使用的基价在时效性方面可能较差,也可使用各地政府造价主管部门时常发布的信息价。

混凝土裂缝处理的基价　　　　表 3.3-1

单位:100m

项目	单位	代号	封闭裂缝		灌注裂缝	
			水泥砂浆	封缝胶	自动低压渗注	压力注浆
基价	元	9999001	1829	3779	9773	11124

此外,对于具体桥梁,尤其是特大型桥梁的养护费用,可从该桥的养护维修年度经费定额或者养护合同中找到。例如,港珠澳大桥的土建工程日常养护合同规定了更换每条梳齿伸缩缝止水橡胶带的费用为 3220.1 元,采用化学灌浆处理 100m 的混凝土裂缝的费用为 12668 元。

养护工程的质量检验评定数据可从《公路养护工程质量检验评定标准　第一册　土建工程》(JTG 5220—2020)中提取。该标准从基本要求、实测项目和外观质量三个方面给出了 26 种桥梁养护工程(如伸缩装置更换、混凝土裂缝修补)和 9 种隧道养护工程的质量检验评定标准。其中,基本要求和外观质量均是由多条自然语言句子组成的段落。不同养护工程所对应的基本要求和外观质量均是不同的,也即自然语言句子是不重复的。而且,在基本要求或外观质量相关的知识服务场景中,同属于某项基本要求或外观质量的多条句子应该是同时出现的。因此,将多条句子看作是一个整体,而非拆分成多条句子。实测项目被罗列在字段和格式不一的复杂表格中,难以被结构化。在构建跨海集群工程维养领域知识库时,仅是指明实测项目的表名,而不是将该表格的具体内容纳入知识库中。

3.3.2　病害知识库

检测、评定、维修等维养活动均是围绕病害展开的,病害知识库是维养领域知识库的关键所在。港珠澳大桥是一项包含桥梁、隧道和人工岛的跨海复杂集群工程。《公路桥梁技术状况评定标准》(JTG/T H21—2011)虽然明确了桥梁的检测指标(也即病害),但是仍未完全覆盖港珠澳大桥特殊部件的病害,而且该标准对病害类型的划分也不尽合理。《公路隧道养护技术规范》(JTG H12—2015)中对病害的规定适用于钻爆法山岭公路隧道,并不适用于港珠澳大桥的沉管隧道。更无相关标准来描述人工岛病害类型。在所建立的病害知识库中,通过病害的新增、修订、细分等完善港珠澳大桥桥梁检测指标体系,并依据广东省粤港澳大湾区标准促进会团体标准《桥岛隧智能运维数据 人工岛检测》和《桥岛隧智能运维数据 沉管隧道检测》来完善人工岛和沉管隧道的检测指标。

1)桥梁检测指标

《公路桥梁技术状况评定标准》(JTG/T H21—2011)难以反映不同桥梁的特殊性,其评定指标体系更多针对中小跨径桥梁,对港珠澳大桥适应性不强,如缺乏除湿系统、阻尼装置等相应的评定指标,其次在检查中也发现了一些现有规范没有的指标,对于这些指标需要在相应位置添加。基于结构解析中新增的部件类型,参考相关规范标准,为16种部件类型新增了相应的检测指标,见表3.3-2。

部分新增指标　　　　　　　　　　　　　　　　表3.3-2

序号	部件	指标
1	混凝土主梁	渗水、上部一般构件失效
2	钢-混组合主梁	结合部空隙、结合部混凝土裂缝、剪力连接件损坏
3	钢索塔	锚固区开裂、倾斜变形、锚固区渗水、涂层缺陷、锈蚀、螺栓损失
4	高阻尼橡胶支座	组件损坏、老化变质开裂、鼓突与脱胶、剪切变形
5	铅芯橡胶支座	组件损坏、老化变质开裂、鼓突与脱胶、剪切变形、支座偏移、滑板磨损、偏压脱空、螺栓剪断、垫板锈蚀
6	桥墩(预制墩身)	环氧树脂胶结剂老化、预应力粗钢筋损伤、涂层劣化
7	梳齿板伸缩缝	锚固混凝土病害、导水系统病害、锚固螺栓病害、梳齿板病害、支承转轴病害
8	钢栏杆、护栏	锈蚀、端头裂纹、变形、涂层缺陷、螺栓损失
9	标线	表面污渍、破损
10	检修通道	变形、连接件损坏、缺失、涂层缺陷、锈蚀
11	供配电系统	污损、过热、烧伤

续上表

序号	部件	指标
12	除湿系统	污损、运行异常
13	阴极保护系统	保护电位等级、锈蚀
14	避雷装置	损坏、锈蚀
15	防撞设施	橡胶老化、变形、螺栓损失、开裂、涂层缺陷、锈蚀
16	阻尼器	松动、漏油、损坏、涂层缺陷、锈蚀

《公路桥梁技术状况评定标准》(JTG/T H21—2011)里面的部分指标名称存在不规范的现象,比如对于桥台台身的"桥头跳车"这一指标(表3.3-3),根据规范表格中的定性与定量描述,实际上这是台背路面沉降的问题,桥头跳车只是台面路面沉降的结果,因此将该指标名称修订为"台背路面沉降"更为合理。此外,针对钢梁桥的"铆钉(螺栓)损失"指标,由于现在的跨海大桥一般不使用铆钉连接,故将其更名为"螺栓损失"。

桥头跳车　　　　　　　　　　　　表3.3-3

序号	定性描述	定量描述
1	完好	—
2	台背路面轻微沉降,有轻度跳车现象	沉降值≤2cm
3	台背路面沉降较大,桥头跳车明显	沉降值>2cm 且≤5cm
4	台背路面明显沉降,桥头跳车严重	沉降值>2cm 且≤5cm

《公路桥梁技术状况评定标准》(JTG/T H21—2011)发布已有10余年,且该标准中部分指标主要针对的是以前的桥梁结构,随着材料的更新以及构件结构形式的改变,标准中的部分指标已经不适用,需要做相应的调整,如对于斜拉索系统,在发展的过程中,斜拉索护套的形式已经发生了较大的改变,对于《公路桥梁技术状况评定标准》(JTG/T H21—2011)中的指标"护套上端浆液离析",该指标适用于老式的套筒式拉索护套,其由铁皮护套和注浆组成,在套管内压注水泥浆对钢丝进行防护,容易出现浆液离析,未能及时凝固现象,现在的跨海斜拉桥拉索护套普遍采用的是热挤高密度聚乙烯(PE)护套,护套的性能大大提高,不存在这种浆液离析问题,所以需要删除这一指标。此外,对于索塔的"沉降""冲刷"指标,一般都是由于基础造成的,在基础中有相应的指标,故将这两项指标也删除。修正的5类评定指标见表3.3-4。

部分修正指标　　　　　　　　表 3.3-4

序号	原检测指标	现检测指标
1	桥头跳车	台背路面沉降
2	蜂窝麻面、剥落掉角、空洞孔洞	混凝土表观缺陷
3	铆钉(螺栓)损失	螺栓损失
4	护套上端浆液离析	—
5	索塔沉降、冲刷	

注：表中"—"表示删除的病害。

《公路桥梁技术状况评定标准》(JTG/T H21—2011)作为通用标准,难以考虑不同桥梁、不同环境、不同荷载的差异性和特殊性,缺乏客观性和可操作性。实际上,不同桥梁、不同部位、不同类型的病害指标,其定义、属性、成因、危害、预防对策、处治对策和养护费用不尽相同,对于评定标准中这些没有细分的病害应参考相关规范,予以细分,区别对待。下面列举了港珠澳大桥青州航道桥的一些典型的指标细分示例。

(1)涂层缺陷指标细分

港珠澳大桥处于高盐高湿的海洋环境中,钢结构极易出现腐蚀现象,为了防止或减缓大桥遭受腐蚀对结构造成破坏,在钢结构表面采用防腐涂装进行保护。但由于防腐涂层自身材料的老化以及外界环境的影响,涂层不可避免出现缺陷,由于外界环境对其造成的影响不同,涂层缺陷的形式多种多样,其寿命和性能差异不一样,对结构造成的影响程度不同,其预防以及处治对策也不同。在《公路桥梁技术状况评定标准》(JTG/T H21—2011)中,基于定性描述中列举了涂层劣化的形式,如流痕、气泡、白化等多种,见表 3.3-5。

涂层缺陷指标　　　　　　　　表 3.3-5

标度	定性描述	定量描述
1	完好	—
2	涂层个别位置出现流痕、气泡、白化、漆膜发黏、针孔、起皱或皱纹、表面粉化、变色起皮、脱落等缺陷	累计面积≤构件面积的10%
3	涂层出现较严重流痕、气泡、白化、漆膜发黏、针孔、起皱或皱纹、表面粉化、变色起皮、脱落等缺陷	构件面积的10%＜累计面积≤构件面积的50%
4	涂层出现严重流痕、气泡、白化、漆膜发黏、针孔、起皱或皱纹、表面粉化、变色起皮、脱落等缺陷	累计面积＞构件面积的50%

通过表3.3-5可以看出,该涂层缺陷评定标准存在一些问题,一方面列举的形式过多,不利于检查人员识别分类,另一方面,虽然在定性描述中列举了涂层劣化的形式,但他们相应的分级程度却是一样的,较为笼统,不符合实际的情况。因此,需要将涂层缺陷评定指标进行细分,根据涂层老化相关的规范,将涂层缺陷指标细分为以下几种,见表3.3-6。

涂层缺陷指标细分　　　　　　　　　　　　　　　表3.3-6

涂层缺陷细分	说明
变色	涂层颜色因气候环境的影响而逐渐变化,与初始颜色存在差异的现象
开裂	由于涂层内部的应变,在漆膜上出现深浅大小各不相同的裂纹的现象,可以细分为细微裂、粗裂和龟裂
剥落	涂层的表面和底层之间、新旧涂层之间丧失了附着力,涂层表面形成小片或鳞片状脱落
起泡	由于涂层之间或涂层与钢构件之间渗入的气体或液体引起的压力所致,涂层间黏附力不足时,将产生气泡
生锈	涂层出现针孔锈斑、点状锈、泡状锈或片状锈的现象,锈蚀是涂层劣化中最严重的一种破坏类型

(2)斜拉索护套指标细分

斜拉索护套是斜拉索相对脆弱的防线,但也是极其重要的防线,由于施工损伤、外界环境影响以及长期处于较高的应力状态下,护套极易损伤。据统计,在运营超过10年的斜拉桥中,70%以上的桥梁拉索护套表面会出现不同程度的开裂现象,裂缝对拉索钢丝锈蚀影响最大,《公路桥梁技术状况评定标准》(JTG/T H21—2011)中对拉索护套开裂指标未细化,由于造成斜拉索护套开裂的因素多种多样,对结构的影响大小也各异,因此有必要对斜拉索护套开裂指标进行细分,以满足不同的维养需求。参考相关文献,斜拉索护套裂缝指标细分见表3.3-7。

护套裂缝指标细分　　　　　　　　　　　　　　　表3.3-7

开裂形式	说明
横向裂缝	由于材料老化或施工挤压的原因,导致护套出现横向裂缝
纵向裂缝	暴露在空气中的护套,在内外温差、紫外线照射、酸雨腐蚀下,迎光面最容易老化,发生纵向裂缝,其次由于拉索截面呈六边形,导致护套厚度不均匀,在顶角处容易形成纵向开裂

续上表

开裂形式	说明
环向开裂	斜拉索在恒载与活载的作用下,承受较大的拉应力和循环应力,由于护套对钢丝有很大的握裹力,不可避免存在拉应力和循环应力,在外界环境和初始缺陷的影响下,产生环向开裂,护套与钢丝材料变形差异大,导致截面剪应力较大,也容易发生环向裂缝
龟裂	由于材料老化或材料收缩原因,导致修补过的护套,在后期运营中,在原来的位置又出现开裂,开裂方向一般随机,无规则,由于材料老化导致的护套开裂,往往也导致网状龟裂

在实际检查中发现,出现护套较严重开裂的情况并不多,护套病害多数表现为防护层破损,基于此,对护套防护层破损指标进行细分,见表3.3-8。

护套防护层破损指标细分　　　　表3.3-8

破损形式	说明
刮痕	由于运输、施工不当,使护套表面存在刮痕
刮伤	在施工过程中,护套表面被尖锐物刮伤,出现翘皮或局部翘起的现象
孔洞	由于施工过程中的拖拽,护套被锐器扎到形成孔洞的现象
挤压变形	由于施工绳索挤压导致护套环向挤压凹陷,严重时导致护套破损
特殊损坏	由于车辆自燃或可燃物焚烧等造成护套损伤,车辆或其他物体撞击损伤,人为故意损坏等

以上对港珠澳大桥部分典型的病害指标进行了细分。参考相关规范等,对部分其他指标也进行了细分,见表3.3-9。

部分指标细分　　　　表3.3-9

序号	指标	细分指标
1	混凝土裂缝	结构性裂缝、非结构性裂缝
2	钢结构涂层缺陷	变色、起泡、开裂、剥落、生锈
3	钢结构锈蚀	均匀锈蚀、点蚀、缝隙腐蚀、应力腐蚀
4	螺栓损失	螺栓锈蚀、螺栓松动、螺栓脱落或断裂
5	板式橡胶支座缺陷	外鼓、钢板外露、支座偏位、滑板损坏
6	板式橡胶支座位置串动脱空或剪切超限	串动、脱空、剪切变形

续上表

序号	指标	细分指标
7	斜拉索钢丝锈蚀	均匀锈蚀、孔蚀、应力腐蚀、疲劳腐蚀
8	护套漆膜损坏	沾污、变色、开裂、剥落
9	护套裂缝	横向裂缝、纵向裂缝、环向裂缝、龟裂
10	防护层破损	刮痕、刮伤、孔洞、挤压变形、特殊损坏
11	变形	车辙、波浪拥包、高低不平、鼓包、推移、沉陷
12	破损	松散露骨、坑槽
13	裂缝	龟裂、块裂、纵向裂缝、横向裂缝
14	磨光脱皮露骨	磨光、脱皮、露骨
15	裂缝	纵向裂缝或斜裂缝、板角断裂、破碎板
16	损坏	标志板变形、标志板损坏、立柱变形、金属构件损坏、基础移位

2）人工岛检测指标

依据《桥岛隧智能运维数据 人工岛检测》，针对人工岛的6大部位21种部件的检测指标进行汇总，见表3.3-10。

人工岛检测指标　　　　表3.3-10

部位	人工岛部件/构件		检测指标	二级检测指标
	部件	构件		
岛体回填区结构	岛体回填区	—	岛体沉降检测	累积沉降
				日平均沉降
				最大沉降值
护岸结构	挡浪墙	挡浪墙本体	变形变位检测	裂缝数量
				裂缝宽度
				位移
				倾覆角度
			材质状况检测	混凝土强度
				钢筋保护层厚度
				混凝土碳化状况
				混凝土氯离子含量
				钢筋锈蚀电位
		变形缝	变形变位检测	变形缝状况

续上表

部位	人工岛部件/构件		检测指标	二级检测指标
	部件	构件		
护岸结构	挡浪墙	护栏	缺损状况检测	立柱松动、断裂数量
				立杆和横杆缺损数量
	护面结构	护面块体	缺损状况检测	棱角发生破损、裂缝数量
				护面层散乱状况
				块体缺失、下滑或者塌陷数量
				垫层暴露情况
			材质状况检测	混凝土强度
				混凝土碳化状况
				混凝土氯离子含量
		块石	海床冲淤检测	失稳面积
护底结构		护底块石	海床冲淤检测	失稳面积
		堤前海床	海床冲淤检测	冲刷深度
				冲刷范围
				淤积厚度
				淤积范围
防洪排涝设施	排水箱涵	—	缺损状况检测	堵塞情况
				破损状况
			材质状况检测	混凝土强度
				钢筋保护层厚度
				混凝土碳化状况
				混凝土氯离子含量
				钢筋锈蚀电位
	泵房	—	缺损状况检测	排水功能情况
				破损状况
	沟	排水沟	缺损状况检测	堵塞情况
				破损状况
	井	排水井	缺损状况检测	堵塞情况
				破损状况

续上表

部位	人工岛部件/构件		检测指标	二级检测指标
	部件	构件		
防洪排涝设施	阀	柔性单向阀	缺损状况检测	堵塞情况
				破损状况
	泵机	—	缺损状况检测	破损状况
附属结构及设施	路面铺装	—	缺损状况检测	路面裂缝
				路面积水
				路面沉陷
				路面坑槽
				路面车辙
				路面泛油
				路面波浪拥包
	电缆沟	—	缺损状况检测	破损状况
	照明设施	灯具	缺损状况检测	破损状况
		灯杆	缺损状况检测	破损状况
		基础	缺损状况检测	破损状况
	检修设施	—	缺损状况检测	破损状况
	景观广场	—	缺损状况检测	破损状况
	岛内绿化	—	缺损状况检测	破损状况
	岛上建筑	建筑构件	缺损状况检测	裂缝、麻面、剥落、孔洞状况
			材质状况检测	混凝土强度
				钢筋保护层厚度
				混凝土碳化状况
				混凝土氯离子含量
				钢筋锈蚀电位
		结构构件	缺损状况检测	裂缝、麻面、剥落、孔洞
			材质状况检测	混凝土强度
				钢筋保护层厚度
				混凝土碳化状况
				混凝土氯离子含量
				钢筋锈蚀电位

续上表

部位	人工岛部件/构件		检测指标	二级检测指标
	部件	构件		
附属结构及设施	岛上建筑	给水排水设施	缺损状况检测	堵塞情况
				破损状况
		暖通设施	缺损状况检测	破损状况
		电气设施	缺损状况检测	破损状况
		室内装饰设施	缺损状况检测	破损状况
	暴露试验站	沉箱(结构梁、结构柱)	缺损状况检测	破损状况
			变形变位检测	裂缝宽度
			材质状况检测	混凝土强度
				钢筋保护层厚度
				混凝土碳化状况
				混凝土氯离子含量
				钢筋锈蚀电位
		钢爬梯	缺损状况检测	破损状况
		平台	缺损状况检测	破损状况
		栏杆	缺损状况检测	破损状况
		防撞设施	缺损状况检测	破损状况
救援码头	码头结构	沉箱	变形位移检测	裂缝数量
				裂缝宽度
				位移
				倾覆角度
			材质状况检测	混凝土强度
				钢筋保护层厚度
				混凝土碳化状况
				混凝土氯离子含量
				钢筋锈蚀电位
		胸墙	变形位移检测	裂缝数量
				裂缝宽度
				位移
				倾覆角度

续上表

部位	人工岛部件/构件		检测指标	二级检测指标
	部件	构件		
救援码头	码头结构	胸墙	材质状况检测	混凝土强度
				钢筋保护层厚度
				混凝土碳化状况
				混凝土氯离子含量
				钢筋锈蚀电位
		挡墙	变形位移检测	裂缝数量
				裂缝宽度
				位移
				倾覆角度
			材质状况检测	混凝土强度
				钢筋保护层厚度
				混凝土碳化状况
				混凝土氯离子含量
				钢筋锈蚀电位
		栅栏板	缺损状况检测	翘起、位移或脱落数量
		护轮坎	缺损状况检测	破损状况
		铺面结构	缺损状况检测	破损状况
	码头设施	橡胶护舷	缺损状况检测	破损状况
		系船柱	缺损状况检测	破损状况
		航标灯	缺损状况检测	破损状况

3）沉管隧道检测指标

依据《桥岛隧智能运维数据 沉管隧道检测》，针对沉管隧道的 2 大部位 16 种部件的检测指标进行汇总，见表 3.3-11。

沉管隧道检测指标　　　　　　表 3.3-11

隧道组成部位	人工岛部件/构件		检测指标	二级检测指标
	部件	构件		
土建结构	主体结构	结构本体	变形变位	测量标志栓初始值
				结构竖向位移

续上表

隧道组成部位	人工岛部件/构件		检测指标	二级检测指标
	部件	构件		
土建结构	主体结构	结构本体	变形变位	结构横向位移
				结构收敛变形
				纵向差异沉降
				横向差异沉降
			缺损	混凝土裂缝
				混凝土起层、剥落
			渗漏水	渗漏水位置、形态
				渗漏水水量
				渗漏水水质
			材质劣化	混凝土强度
				混凝土碳化深度
				混凝土氯离子含量
				钢筋有效保护层厚度
				钢筋锈蚀
		接缝(如有)	变形变位	接缝错台
			渗漏水	渗漏水位置、形态
				渗漏水水量
				渗漏水水质
	最终接头	接头本体	缺损	焊缝探伤
				钢结构涂层脱落
			渗漏水	渗漏水位置、形态
				渗漏水水量
				渗漏水水质
			材质劣化	钢结构锈蚀
		剪力键	变形变位	接头剪切量
			缺损	焊缝探伤
				钢结构涂层脱落
			材质劣化	钢结构锈蚀
		剪力键垫层	变形变位	剪力键垫层变形

续上表

隧道组成部位	人工岛部件/构件		检测指标	二级检测指标
	部件	构件		
土建结构	最终接头	剪力键垫层	变形变位	剪力键垫层移位
			缺损	剪力键垫层破损
				剪力键垫层缺失
		止水系统(GINA止水带与OMEGA止水带)	变形变位	接头张合量
			缺损	止水系统构件破损
			渗漏水	渗漏水位置、形态
				渗漏水水量
				渗漏水水质
			材质劣化	钢结构锈蚀
	管节接头	剪力键	变形变位	接头剪切量
			缺损	焊缝探伤
				钢结构涂层脱落
				混凝土裂缝
				混凝土起层、剥落
			材质劣化	钢筋锈蚀
				钢结构锈蚀
		剪力键垫层	变形变位	剪力键垫层变形
				剪力键垫层移位
			渗漏水	剪力键垫层破损
				剪力键垫层缺失
		止水系统(GINA止水带与OMEGA止水带)	变形变位	接头张合量
			缺损	止水系统构件破损
			渗漏水	渗漏水位置、形态
				渗漏水水量
				渗漏水水质
			材质劣化	钢结构锈蚀
		锚具(如有)	缺损	锚具破损
			材质劣化	钢结构锈蚀
	节段接头	剪力键	变形变位	接头剪切量

续上表

隧道组成部位	人工岛部件/构件		检测指标	二级检测指标
	部件	构件		
土建结构	节段接头	剪力键	缺损	混凝土裂缝
				混凝土起层、剥落
			材质劣化	钢筋锈蚀
		止水系统（中埋式止水带与止水钢板）	变形变位	接头张合量
			渗漏水	渗漏水位置、形态
				渗漏水水量
				渗漏水水质
附属结构及设施	路面铺装	—	缺损	路面裂缝
				路面积水
				路面沉陷
				路面坑槽
				路面车辙
				路面泛油
				路面波浪拥包
	检修道	—	缺损	检修道预制件损坏
				检修道盖板损坏
	排水设施（排水系统）	—	缺损	排水管(沟)结构损坏
				排水管(沟)淤积堵塞
				排水管(沟)沉沙
				排水管(沟)滞水
	内装饰(装饰板)	—	缺损	装饰板变形
				装饰板破损
				装饰板表面发霉
				装饰板表面湿迹
				装饰板表面脏污
				装饰板松脱
	伸缩缝	—	变形变位	接缝错台
			缺损	伸缩缝材料破损
	减光设施	—	变形变位	减光设施梁柱变形

续上表

隧道组成部位	人工岛部件/构件		检测指标	二级检测指标
	部件	构件		
附属结构及设施	减光设施	—	变形变位	减光设施梁柱移位
			缺损	减光设施表面脏污
				钢结构涂层脱落
			材质劣化	钢结构锈蚀
	预埋件	—	缺损	预埋件破损
				钢结构涂层脱落
			材质劣化	钢结构锈蚀
	设备用房	—	缺损	混凝土裂缝
				混凝土起层、剥落
			渗漏水	渗漏水位置、形态
				渗漏水水量
				渗漏水水质
	防火设施（防火板）	—	缺损	防火板变形
				防火板表面脏污
				防火板破损
				防火板表面发霉
				防火表面湿迹
				防火板松脱
	防护设施（回填防护）	—	缺损	回填防护回淤
				回填防护冲刷
	阴极保护装置	—	缺损	阳极块消耗
	风塔	—	缺损	混凝土裂缝
				混凝土起层、剥落

3.3.3 维养领域知识的可视化查询

跨海集群工程维养领域知识经过抽取与融合，最终被保存在图数据库 Neo4j 中。在 Neo4j 中可对维养领域知识进行可视化查询。图 3.3-2 展示了桥梁维养领域知识的查询结果。图 3.3-2a）给出了与斜拉索护套防护层破损相关联的 5

种子病害和检测方法等知识。图 3.3-2b)描述了钢箱梁的涂层劣化的 5 种子病害和对应的检测方法与处治措施。此外,也可查询人工岛和沉管隧道维养相关知识,查询结果如图 3.3-3 和图 3.3-4 所示。

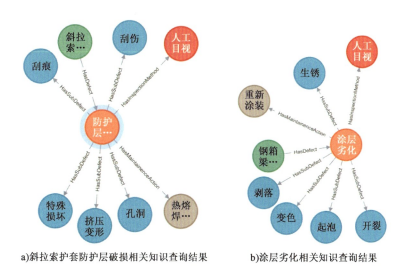

a)斜拉索护套防护层破损相关知识查询结果　　b)涂层劣化相关知识查询结果

图 3.3-2　桥梁维养领域知识查询结果

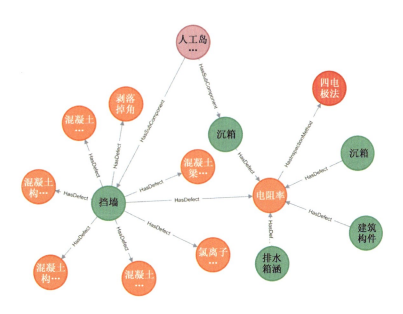

图 3.3-3　人工岛维养相关知识查询结果

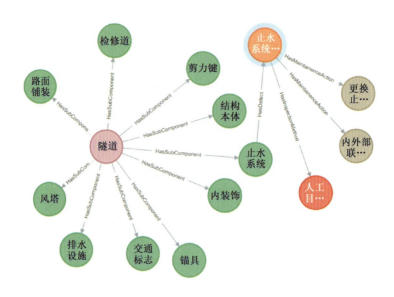

图 3.3-4　沉管隧道维养相关知识查询结果

3.4　本章小结

本章采用了模糊本体表示维养领域知识,建立了一份样本均衡的维养领域实体识别开源语料库。数据增强后,语料库中各类型实体数量之间的最大差距由 22.97 倍缩小到 6.31 倍。在此基础上,建立了面向费结构化文本的基于 BERT-Bi-LSTM-CRF 模型的实体识别方法。与主流的 Bi-LSTM-CRF 模型以及在通用领域任务的人工提取方法相比,所建立的实体识别方法的微平均 F1 值分别提高约 2 个和 19 个百分点。提出了基于加权余弦相似度的维养领域实体对齐方法,并采用了图数据库和文件服务器的混合存储策略实现了维养领域多模态知识的存储。再结合人工收集的养护费用、质量检验评定标准等关键知识,形成了跨海集群工程维养领域知识库。最后,重点介绍了维养领域知识库中的桥岛隧病害知识库。

本章参考文献

[1] 李婷,付雁,季民,等.基于本体论的海洋流场语义分析与表达研究[J].地球信息科学学报,2018,20(10):1373-1380.

[2] 蒲浩,严基团,李伟,等.面向铁路站场平面数字化设计系统的本体建模研究[J].铁道科学与工程学报,2018,15(1):220-225.

[3] Gruber T/R. A translation approach to portable ontology specifications[J]. Knowledge Acquisition,1993,5(2):199-220.

[4] 李德仁,王泉.基于时空模糊本体的交通领域知识建模[J].武汉大学学报(信息科学版),2009,34(6):631-635.

[5] 官赛萍,靳小龙,贾岩涛,等.面向知识图谱的知识推理研究进展[J].软件学报,2018,29(10):2966-2994.

[6] 黄恒琪,于娟,廖晓,等.知识图谱研究综述[J].计算机系统应用,2019,28(6):1-12.

[7] 黄健格,贾真,张凡,等.基于多特征嵌入的中文医学命名实体识别[J].计算机科学,2023,50(6):243-250.

[8] 莫天金,李韧,杨建喜,等.公路桥梁定期检测领域命名实体识别语料库构建[J].计算机应用,2020,40(S1):103-108.

[9] 无涯.NLP中类别不均衡问题的处理方法[EB/OL].(2022-08-16)[2023-05-14].https://zhuanlan.zhihu.com/p/553678222.

[10] XU L,DONG Q,YU C,et al. CLUENER2020:Fine-grained Name Entity Recognition for Chinese[EB/OL].(2020-01-20)[2023-12-28]. https://arxiv.org/abs/2001.04351.

[11] 罗钰敏,刘丹,尹凯,等.加权平均Word2Vec实体对齐方法[J].计算机工程与设计,2019,40(7):1927-1933.

[12] 朱继召,乔建忠,林树宽.表示学习知识图谱的实体对齐算法[J].东北大学学报(自然科学版),2018,39(11):1535-1539.

[13] 黄峻福,李天瑞,贾真,等.中文异构百科知识库实体对齐[J].计算机应用,2016,36(7):1881-1886,1898.

[14] 马赫,王海荣,周北京,等.基于表示学习的实体对齐方法综述[J].计算机工程与科学,2023,45(3):554-564.

[15] 康世泽,吉立新,刘树新,等.一种基于实体描述和知识向量相似度的跨语言实体对齐模型[J].电子学报,2019,47(9):1841-1847.

[16] 陆力伟.双工字钢组合梁桥预算定额编制及技术经济性研究[D].西安:长安大学,2021.

第 4 章

桥岛隧检测评定与综合评估

4.1 桥岛隧病害检测

掌握病害发生和发展的情况是评价桥梁、人工岛、沉管隧道技术状况的前提。本节介绍标准化、规范化的病害信息采集流程,以期获得真实、准确的病害数据,为技术状况评定奠定良好基础。

病害的检测包括初始检测、日常巡检、经常检查、定期检测和专项检测。因为业务主体、资质要求、检测内容和检测频率的不同,长期以来,上述病害检测业务都是任务上独立开展、数据上互不相通的。事实上,各类检测业务目的基本相同、检测内容大幅重叠,存在相互配合、数据互补的可能性。因此,梳理检测业务流程,制定标准化、规范化、一体化的检测业务流程十分必要。

首先,从各类检测业务的流程中提取共性部分,基于共通的业务环节和要求,制定标准化、一体化业务流程。各类检测业务流程都包含制定任务计划、采集病害信息和复核病害信息三个环节。每一环节完成的工作及特点如下:

(1)制定任务计划。明确检测构件、病害、设备、人员和时间,针对日常巡检和经常检查增设任务周期,便于周期性任务的计划制定。制定好的任务计划经批准后,会以发送工单的形式通知检测人员或智能检测装备集控平台执行检测任务。

(2)采集病害信息。使用移动端App或智能检测装备(图4.1-1),现场采集每一处病害的信息,包括病害所在的构件和子构件、类型、严重程度、建议处治措施。此环节中,借助精细的数据模型(LOD500,子构件级)指定病害所在的构件、子构件,提高病害定位精度和工作效率,借助病害知识库辅助检测人员判定病害的严重程度(严重、中等、轻微)和推荐处置措施,保障采集高质量的病害信息。

(3)复核病害信息。为保障病害数据的质量,由任务负责人对现场检测人员上报的消息进行正确性、完整性检验。智能检测装备无法提供的病害信息,例如建议处治措施,将由复核人员补充完整。本次检测记录会依据病害所在构件、子构件及病害类型与历史病害自动关联,并由复核人员确认,由此形成可追溯的病害发展过程,明显提升病害标度和维修措施的准确性。例如,混凝土构件结构性裂缝和非结构性裂缝对构件的危害性差异非常大,一般的非结构性裂缝仅需注胶封闭即可,而结构性裂缝则需对构件进行加固补强。但是结构性裂缝和非结构裂缝很难区分,借助病害发展过程就可以轻松判断裂缝长度、宽度是否在增长,从而有效区分结构性裂缝和非结构性裂缝。

a)钢箱梁外表面巡检机器人

b)箱梁内轨道智能巡检机器人

c)高耸结构物巡检无人机

d)混凝土表面巡检机器人

图 4.1-1　港珠澳大桥智能检测装备

以上三个环节是各类检测业务流程均包含的,定期检测业务还需增加综合病害信息环节。综合病害信息即将同一构件、同一病害类型的全部病害进行汇总,并综合病害数量与严重程度判定桥梁构件病害标度(1~5 度)或人工岛、沉管隧道构件状况值(0~4),为进一步的技术状况评定做好准备。标准化、规范化、一体化病害信息采集流程如图 4.1-2 所示。

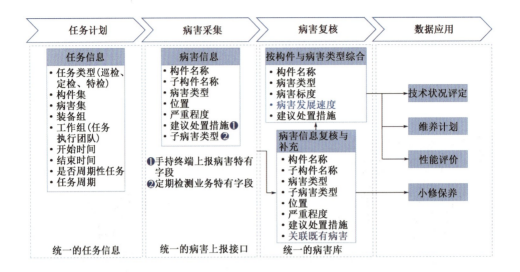

图 4.1-2 标准化、规范化、一体化病害信息采集流程

4.2 桥岛隧技术状况评定

4.2.1 桥梁技术状况评定方法

港珠澳大桥桥梁技术状况评定方法总体上与《公路桥梁技术状况评定标准》(JTG/T H21—2011)的评定方法保持一致,均采用分层综合评定与单向控制指标相结合的方法。对每种构件绑定了若干评定指标及分级评定标准,构件是桥梁技术状况评定的最小单元。先对桥梁各构件进行评定,然后往上逐层求出部件、部位以及全桥的评分。桥梁技术状况评定层次如图4.2-1所示。考虑港珠澳大桥桥梁存在特有的附属设施,与《公路桥梁技术状况评定标准》(JTG/T H21—2011)相比,增加了一个部位,即"附属设施"。

1)桥梁评定指标的分级评定标准

在进行桥梁技术状况评定时,首先需要确定评定指标的标度,这就需要对港珠澳大桥特有的或细分后的指标建立相应的分级评定标准。

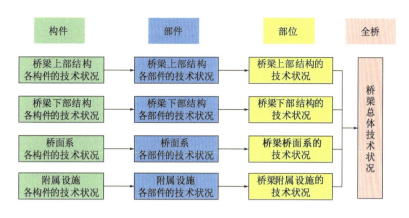

图 4.2-1　桥梁技术状况评定层次

(1) 新增指标的分级评定标准的建立

①规范中有该类似指标。针对新增的部件、子部件,若《公路桥梁技术状况评定标准》(JTG/T H21—2011)中有类似的指标,则可以参考类似的指标,制定相应的指标分级评定标准或直接引用该标准,如对于检修通道,在检查中发现其锈蚀现象较为常见,可增加锈蚀指标,其相应的分级评定标准可参考钢梁桥的锈蚀指标。

②规范中没有该指标。针对规范中未有的病害,可依据该构件的实际情况,制定类似的定性、定量描述。对于定量描述可依据具体的数值要求进行针对性的判别,对于定性描述,由于其主要依据检测人员的经验,为提高评定的准确性,可参考各标度下评定标度关键词进行各标度评语的确定。对于指标标度为 5 级的指标,其关键词见表 4.2-1。

5 级标度关键词　　　　表 4.2-1

标度	状态	关键词
1	好	无病害
2	较好	有病害、少量、局部范围、个别、轻微
3	较差	有病害、较多、较大范围、部分、较重
4	差	有病害、大量、大范围、大部分、严重
5	危险	有病害,非常严重,影响结构安全

对于指标标度为 3 级以及 4 级的指标,可参考 5 级标度合理选用关键词。如对于钢-混凝土组合主梁的钢混结合部可参考相关规范,增加钢混结合部空隙指标,指标的定性描述可参考表 4.2-1 关键词执行,最终的分级评定标准见表 4.2-2。

钢混结合部空隙　　　　　　　表4.2-2

标度	定性描述	定量描述
1	完好,无空隙	—
2	结合部局部范围有空隙	累计长度≤结合部总长度5%
3	结合部较大范围有空隙	结合部总长度10% > 累计长度 > 结合部总长度5%
4	结合部大范围有空隙	累计长度≥结合部总长度10%

(2)细分指标的分级评定标准

针对跨海结构斜拉桥的典型病害,如"护套防护层破损",针对细分后的5种子评定指标,对其建立相应的指标分级标准,见表4.2-3~表4.2-7。

刮痕　　　　　　　表4.2-3

标度	定性描述
1	完好
2	护套表面存在轻微刮擦痕迹
3	护套表面存在较重的刮擦痕迹
4	护套表面存在严重的刮擦痕迹

刮伤　　　　　　　表4.2-4

标度	定性描述
1	完好
2	护套表面存在轻微表层PE(聚乙烯)刮伤现象
3	护套表面存在较重表层PE刮伤现象,出现局部翘起现象
4	护套表面存在严重刮伤现象,出现严重翘皮现象,露出内部黑色PE或钢丝

孔洞　　　　　　　表4.2-5

标度	定性描述
1	完好
2	局部出现轻微孔洞,深度较浅,不影响正常使用功能
3	护套表面孔洞穿透外层PE,可见内层黑色PE,但内层PE完好,未见钢丝
4	护套表面存在严重孔洞现象,可见内部钢丝

挤压变形　　　　　　　　　　　　　　　表 4.2-6

标度	定性描述
1	完好
2	护套表面存在轻微挤压变形现象,不影响正常使用
3	护套出现明显挤压凹陷
4	护套出现挤压开裂现象,露出内部钢丝

特殊损坏　　　　　　　　　　　　　　　表 4.2-7

标度	定性描述
1	完好
2	个别部位出现火烧痕迹,护套轻微损坏
3	较多部位出现火烧痕迹,部分索体存在嵌入钉子等人为故意损坏现象,护套尚能正常使用功能
4	护套出现严重火烧痕迹,防护层破损,存在渗水现象

(3)基于病害图例的指标分级评定标准

指标分级评定标准既是结构性能评估的基础,也是追踪病害发展历程的前提。《公路桥梁技术状况评定标准》(JTG/T H21—2011)中将指标分为 3~5 级,大部分分级指标都同时有定性描述和定量描述去界定不同级别的病害。但是,现行规范中定性、定量描述存在不直观、主观性强的问题,尤其对于只有定性描述的病害,不同的人对同一检测指标的评定结果会出现不小的差异,不利于采用统一的尺度去评定病害指标标度。

为解决现行标准描述不直观、主观性强的问题,考虑将病害图片引入现行规范的评定标准中,建立基于病害分类分级标准图的指标分级评定标准。桥梁病害图像所包含的信息,不只是病害的表观图像,更重要的是与病害机理密切相关的指标类信息。图像信息在病害标准体系的表观层面给养护人员更为直观的等级评价依据,可大大降低病害评定难度,降低巡检员的主观性偏差,更具有操作。

针对港珠澳大桥钢结构斜拉桥的典型病害,如"涂层缺陷",针对细分后的 5 种子评定指标,对其建立相应的基于病害图例的指标分级标准,见表 4.2-8~表 4.2-12。

变色　　　　　　　　　　　　　　　　表 4.2-8

标度	定性描述	色差值	图片示例
1	无变色或轻微变色	≤3.0	
2	明显变色	3.1~9.0	
3	较大变色	9.1~12.0	
4	严重变色	>12.0	

起泡　　　　　　　　　　　　　　　　表 4.2-9

标度	定性描述	起泡直径	图片示例
1	无泡或少量泡	起泡直径≤0.2mm	
2	有中等数量泡	0.2mm<起泡直径≤0.5mm	
3	有较多数量泡	0.5mm<起泡直径≤5mm	
4	有密集型的泡	起泡直径>5mm	

开裂　　　　　　　　　　　　　　　　表 4.2-10

标度	定性描述	开裂宽度	图片示例
1	无开裂或少量开裂	开裂宽度≤0.3mm	
2	中等数量的开裂	0.3mm<开裂宽度≤0.5mm	

续上表

标度	定性描述	开裂宽度	图片示例
3	较多数量的开裂	0.5mm＜开裂宽度≤1mm	
4	密集型的开裂	开裂宽度＞1mm	

剥落　表 4.2-11

标度	定性描述	剥落面积	图片示例
1	无剥落或有少量面积剥落	剥落面积≤构件面积的0.3%	
2	有中等面积剥落	构件面积的0.3%＜剥落面积≤构件面积的3%	
3	有较多面积剥落	构件面积的3%＜剥落面积≤构件面积的15%	
4	大量面积剥落	剥落面积＞构件面积的15%	

生锈　表 4.2-12

标度	定性描述	生锈面积	图片示例
1	无生锈或有少量面积生锈	生锈面积≤构件面积的0.5%	
2	有中等面积生锈	构件面积的0.5%＜生锈面积≤构件面积的8%	

续上表

标度	定性描述	生锈面积	图片示例
3	有较多面积剥落	构件面积的8% < 生锈面积 ≤ 构件面积的40%	
4	大量面积剥落	生锈面积 > 构件面积的40%	

2）桥梁技术状况指标评定方法

（1）方法概述

在前文中，将《公路桥梁技术状况评定标准》（JTG/T H21—2011）中的部分评定指标（也被称之为检测指标，为方便描述，下文统一称检测指标）细分为若干二级评定指标（也即二级检测指标），并为二级检测指标建立了基于定性描述、定量描述和病害图例的分级评定标准。但现行桥梁技术状况评定需要得到的是桥梁构件的一级检测指标等级，为了与《公路桥梁技术状况评定标准》（JTG/T H21—2011）无缝衔接，需综合考虑构件的二级检测指标来计算构件的一级检测指标等级。

本章以可拓理论构建桥梁检测指标评价模型，可拓理论以物元为基础，以物元可拓性为依据，在可拓集合中通过建立关联函数对事物的量变和质变过程进行定量描述，能够充分反映事物的量变规律。图4.2-2给出了桥梁技术状况评定指标的评定方法流程。该方法利用可拓理论首先建立可拓评价的物元、事元、关系元，然后将某检测指标对应的二级检测指标进行量化，计算相应的二级检测指标的关联度，依据熵权法求二级检测指标相对检测指标的权重，从而计算综合关联度，最后依据最大关联度原则得出检测指标评定等级。

（2）桥梁检测指标可拓物元评定模型的构建

可拓学是解决定性与定量共存问题的一种有效方法，它以物元为基础，常用物元将事物的质和量有机地集成在一起。物元由事物、特征及量值三个要素组成，通常用一个有序三元组来表示，是描述事物的基本元。桥梁检测中的可拓物元综合评定是首先确定待评物元，其次对检测指标等级进行划分，形成经典域和节域，再将待评价的各个构件二级检测指标值代入，求解各构件二级检测指标关

于各等级的关联函数。二级检测指标与某个等级的关联度值越大,其与该级的关联度就越大。具体步骤如下:

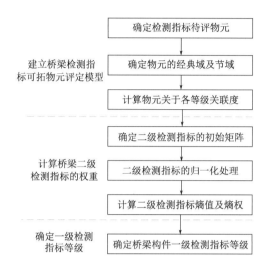

图 4.2-2 基于熵权可拓物元模型的桥梁技术状况评定指标的评定流程

①确定桥梁检测指标可拓物元评定模型的待评物元。

桥梁检测指标物元模型的待评物元 $\boldsymbol{R}_k$ 表示为:

$$\boldsymbol{R}_k = (T_k, u_i, x_i) = T_k \begin{array}{cc} u_1 & x_1 \\ \vdots & \vdots \\ u_i & x_i \\ \vdots & \vdots \\ u_n & x_n \end{array}, \quad k = 1 \cdots y, i = 1 \cdots n \quad (4.2\text{-}1)$$

其中,事物 T_k 为第 $k(k=1\cdots y)$ 个待评对象,即桥梁构件检测指标等级,共设 y 个待评对象;设该桥梁构件检测指标共细分为 n 个二级检测指标,特征 u_i 为第 $i(i=1\cdots n)$ 个二级检测指标,因此 u_1 为第 1 个二级检测指标,u_n 为第 n 个二级检测指标;x_i 为 T_k 关于二级检测指标 u_i 的量值,即待评价构件检测所得到的实际二级检测指标值,因此 x_1 为 T_k 关于第 1 个二级检测指标 u_1 的量值,x_n 为 T_k 关于第 n 个二级检测指标 u_n 的量值。

②确定桥梁检测指标可拓物元评定模型中的经典域物元及节域物元。

经典域是二级检测指标 U 各评价等级 V 所对应的量值的范围,经典域物元

R_j 表示为：

$$R_j = (V_j, u_i, N_{ij}) = \begin{matrix} & u_1 & N_{1j} \\ & \vdots & \vdots \\ V_j & u_i & N_{ij} \\ & \vdots & \vdots \\ & u_n & N_{nj} \end{matrix} = \begin{matrix} & u_1 & (a_{1j}, b_{1j}) \\ & \vdots & \vdots \\ V_j & u_i & (a_{ij}, b_{ij}) \\ & \vdots & \vdots \\ & u_n & (a_{nj}, b_{nj}) \end{matrix} \quad (4.2\text{-}2)$$

其中，V_j 为桥梁构件二级检测指标评定的第 $j(j=1\cdots m)$ 个等级，设该二级检测指标共分为 m 个等级；$N_{ij} = (a_{ij}, b_{ij})$ 为二级检测指标 u_i 属于第 j 个等级时的取值范围，即经典域；因此，$N_{1j} = (a_{1j}, b_{1j})$ 为二级检测指标 u_1 属于第 j 个等级时的取值范围，$N_{nj} = (a_{nj}, b_{nj})$ 为二级检测指标 u_n 属于第 j 个等级时的取值范围。

节域物元 R_p 表示为：

$$R_p = (P, u_i, x_{ip}) = \begin{matrix} & u_1 & N_{1p} \\ & \vdots & \vdots \\ P & u_i & N_{ip} \\ & \vdots & \vdots \\ & u_n & N_{np} \end{matrix} = \begin{matrix} & u_1 & (a_{1p}, b_{1p}) \\ & \vdots & \vdots \\ P & u_i & (a_{ip}, b_{ip}) \\ & \vdots & \vdots \\ & u_n & (a_{np}, b_{np}) \end{matrix} \quad (4.2\text{-}3)$$

其中，P 为桥梁构件二级检测指标评定等级的全体；x_{ip} 为所有二级检测指标的所有取值范围；$N_{ip} = (a_{ip}, b_{ip})$ 为二级检测指标 u_i 的所有取值范围，即节域；因此，$N_{1p} = (a_{1p}, b_{1p})$ 为二级检测指标 u_1 的所有取值范围，$N_{np} = (a_{np}, b_{np})$ 为二级检测指标 u_n 的所有取值范围。

对于定量指标，其经典域和节域参照分级评定标准中的定量描述的数值范围来确定；而对于定性指标，其经典域和节域参照分级评定标准中的标度值确定。

③确定桥梁检测指标物元模型中二级检测指标对不同等级的关联度。

各构件一级检测指标对应的二级检测指标关于各等级的关联度 $K_j(x_i)$ 为：

$$K_j(x_i) = \begin{cases} \dfrac{-\rho(x_i, N_{ij})}{|N_{ij}|}, & x_i \in N_{ij} \\ \dfrac{\rho(x_i, N_{ij})}{\rho(x_i, N_{ip}) - \rho(x_i, N_{ij})}, & x_i \notin N_{ij} \end{cases} \quad (4.2\text{-}4)$$

其中，$\rho(x_i, N_{ij}) = \left|x_i - \dfrac{a_{ij}+b_{ij}}{2}\right| - \dfrac{b_{ij}-a_{ij}}{2}$，$\rho(x_i, N_{ip}) = \left|x_i - \dfrac{a_{ip}+b_{ip}}{2}\right| - \dfrac{b_{ip}-a_{ip}}{2}$，表示桥梁二级检测指标关于经典域及节域的距。最终所求得的关联度值越大，代表二级检测指标与该等级联系越紧密。

(3) 桥梁二级检测指标权重计算

在确定一级检测指标等级的过程中，需要确定二级检测指标的权重。以往在确定权重时多采用层次分析法，但是采用该方法存在着依赖专家经验确定权重的主观性大、判断矩阵没有弹性、调整判断矩阵的过程存在盲目性、需要多次调整才能通过一致性检验等问题。因此，本书采用熵权法来确定二级检测指标的权重，熵权法是由美国学者 Shannon 在熵的基础上进行归一化处理的结果，熵是对不确定性的一种度量，不确定性越大，熵就越大，包含的信息量越大；不确定性越小，熵就越小，包含的信息量就越小。根据熵的特性，可以用熵值来判断某个指标的离散程度，指标的离散程度越大，该指标对综合评价的影响越大，即权重越大，相反，权重越小。该方法不依赖于专家经验，能够有效减少权重确定的主观性，也能避免采用判断矩阵所带来的一系列问题。基于熵权法的权重计算步骤如下：

①确定桥梁检测指标初始矩阵。

初始矩阵即为要评价桥梁部件对应的 y 个构件中的 n 个二级检测指标的量值 $c_{ik}(i=1\cdots n, k=1\cdots y)$ 构成的矩阵，用 C 表示。

$$C = \begin{matrix} c_{11} & c_{12} & \cdots & c_{1y} \\ c_{21} & c_{22} & \cdots & c_{2y} \\ \vdots & \vdots & \ddots & \vdots \\ c_{n1} & c_{n2} & \cdots & c_{ny} \end{matrix} \quad (4.2\text{-}5)$$

其中，c_{ik} 为第 k 个构件的第 i 个二级检测指标的量值。

②归一化处理桥梁二级检测指标。

为防止各指标量纲不统一、量级不一致，需要将初始矩阵归一化处理。

$$d_{ik} = \dfrac{c_{ik} - \min(c_i)}{\max(c_i) - \min(c_i)}, \quad k=1\cdots y, i=1\cdots n \quad (4.2\text{-}6)$$

其中，d_{ik} 为经过归一化处理的第 k 个构件的第 i 个二级检测指标的量值；c_i

为第 i 个二级检测指标的量值。

由此得到归一化矩阵 D。

$$D = \begin{matrix} d_{11} & d_{12} & \cdots & d_{1y} \\ d_{21} & d_{22} & \cdots & d_{2y} \\ \vdots & \vdots & \ddots & \vdots \\ d_{n1} & d_{n2} & \cdots & d_{ny} \end{matrix} \tag{4.2-7}$$

其中，d_{11} 为经过归一化处理的第 1 个构件的第 1 个二级检测指标的量值，同理可知矩阵中其余 d_{ik} 的含义。

③计算第 i 个桥梁二级检测指标的熵值 H_i。

$$H_i = -\frac{1}{\ln(y)}\sum_{k=1}^{y} p_{ik}\ln(p_{ik}), \quad i=1\cdots n, k=1\cdots y \tag{4.2-8}$$

其中，

$$p_{ik} = \frac{d_{ik}+1}{\sum_{k=1}^{y}(d_{ik}+1)} \tag{4.2-9}$$

④计算桥梁二级检测指标的熵权 ω_i。

$$\omega_i = \frac{1-H_i}{n-\sum_{i=1}^{n}H_i}, \quad \sum_{i=1}^{n}\omega_i = 1 \tag{4.2-10}$$

其中，ω_i 即为熵权法确定的第 i 个二级检测指标的权重。

(4) 桥梁一级检测指标综合评定

第 k 个构件的关联度综合评价结果向量按式(4.2-11)计算。

$$E_k = \sum_{i=1}^{n}\omega_i K_j(x_{ki}) = (e_{k1}, e_{k2}\cdots e_{kj}\cdots e_{km}) \tag{4.2-11}$$

其中，E_k 为准则层中第 k 个构件的关联度综合评价结果向量；ω_i 为指标层中第 i 个二级检测指标的权重；x_{ki} 为第 k 个构件关于第 i 个二级检测指标的量值；$K_j(x_{ki})$ 为该量值对应的第 j 个等级的关联度；e_{kj} 为第 k 个构件一级检测指标关于第 j 个等级的综合关联度。若第 k 个构件一级检测指标关于第 s 个等级的综合关联度最大，即 $e_{ks} = \max\limits_{j=\{1,2,3,4,5\}} e_{kj}$，则第 k 个构件一级检测指标等级为 s。

(5) 算例验证

以某斜拉桥的钢主梁的锈蚀指标评定过程为例，进行实证分析。该斜拉桥主梁为整体式钢箱梁，每个施工节段划分为一个构件，其中，某跨钢箱梁包含 11

个构件,在某年定期检查中发现各构件均存在锈蚀病害,限于篇幅,仅计算由该跨的 11 个构件所组成的钢主梁部件的锈蚀指标等级。根据本书对锈蚀指标的细分结果和所建立的病害图例,发现钢箱梁上存在点锈和一般锈两种锈蚀病害,可将其确定为锈蚀指标的两类二级检测指标。这两种锈蚀病害面积占各构件面积的百分比如图 4.2-3 所示。

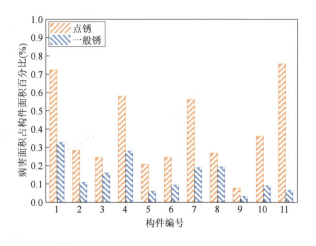

图 4.2-3　各构件的锈蚀病害面积百分比

①确定钢主梁锈蚀二级检测指标待评物元、经典域和节域。

本案例待评物元即为该跨钢主梁 11 个构件对应锈蚀指标,锈蚀的二级检测指标的分级评定标准见表 4.2-13 和表 4.2-14。参照表 4.2-13 和表 4.2-14 中的定量描述,用二级检测指标对应病害占构件面积百分比来确定桥梁各构件锈蚀检测指标的经典域和节域,且将锈蚀检测指标等级划分为 5 个标度:$V = \{V_1, V_2, V_3, V_4, V_5\} = \{1, 2, 3, 4, 5\}$,具体各二级检测指标所对应的经典域和节域见表 4.2-15。

点锈的分级评定标准　　　　表 4.2-13

标度	评定标准			
	定性描述	定量描述	病害图例	
			图片	照片
1	良好,构件表面出现很轻微锈蚀现象	锈蚀累计面积≤构件面积的 0.1%,锈蚀深度≤0.4mm		

续上表

标度	评定标准			
	定性描述	定量描述	病害图例	
			图片	照片
2	构件表面发生轻微锈蚀,部分涂层出现剥落	构件面积的0.1%<锈蚀累计面积≤构件面积的3%,0.4mm<锈蚀深度≤0.8mm		
3	构件表面发生锈蚀,较大面积涂层剥落	构件面积的3%<锈蚀累计面积≤构件面积的5%,0.8mm<锈蚀深度≤1.6mm		
4	构件表面有较多点蚀现象,构件表面有较多点蚀现象,涂层因锈蚀而部分剥落或可以刮除,重要部位有锈蚀成洞现象	构件面积的5%<锈蚀累计面积≤构件面积的15%,1.6mm<锈蚀深度≤3.2mm		
5	构件表面有大量点蚀现象,涂层因锈蚀而全面剥离,重要部位被锈蚀成洞	锈蚀累计面积>构件面积的15%,3.2mm<锈蚀深度≤6.4mm		

一般锈的分级评定标准　　　　　　　　表 4.2-14

标度	评定标准			
	定性描述	定量描述	病害图例	
			图片	照片
1	良好,构件表面出现很轻微锈蚀现象,少量区域出现轻微锈点	锈蚀累计面积≤构件面积的0.1%		

续上表

标度	评定标准			
	定性描述	定量描述	病害图例	
			图片	照片
2	构件表面发生轻微锈蚀,部分涂层因锈蚀而出现剥落	构件面积的 0.1% < 锈蚀累计面积 ≤ 构件面积的 3%		
3	构件表面发生锈蚀,较大面积涂层剥落,部分锈斑连接成片	构件面积的 3% < 锈蚀累计面积 ≤ 构件面积的 5%		
4	构件表面锈蚀较严重,涂层因锈蚀而部分剥落或可以刮除,大部分锈斑连接成片	构件面积的 5% < 锈蚀累计面积 ≤ 构件面积的 15%		
5	构件表面发生严重锈蚀现象,大量涂层因锈蚀而全面剥离	锈蚀累计面积 > 构件面积的 15%		

二级检测指标经典域和节域　　　　表 4.2-15

指标	细化指标	经典域					节域
		V_1	V_2	V_3	V_4	V_5	
锈蚀	点锈	[0,0.1]	(0.1,3]	(3,5]	(5,15]	(15,100]	[0,100]
	一般锈	[0,0.1]	(0.1,3]	(3,5]	(5,15]	(15,100]	[0,100]

②确定构件锈蚀二级检测指标关联度和权重。

根据构件锈蚀面积百分比及表 4.2-15 中确定的经典域和节域,代入式(4.2-4)计算钢主梁锈蚀各二级检测指标关于各标度的关联度,关联度值越大,代表二级检测指标与该标度联系越紧密,最大关联度值所对应的标度即为二级检测指标的等级。关联度计算结果、各构件对应锈蚀二级检测指标标度及按《公路桥梁技术状况评定标准》(JTG/T H21—2011)的方法(以下简称"规范方法")计算的指标标度见表4.2-16。采用本书方法和规范方法确定的结果是一致的,证明了采取可拓物元模型对二级检测指标进行评定是可行的。同时,该关联度计算结果为确定一级指标等级奠定基础。

二级检测指标关联度及标度　　　　表4.2-16

构件编号	二级检测指标	病害面积占构件面积百分比(%)	关联度数值					指标标度	
			V_1	V_2	V_3	V_4	V_5	本书方法	规范方法
1	点锈	0.7237	-0.4629	**0.2151**	-0.7588	-0.8553	-0.9518	2	2
	一般锈	0.3285	-0.4102	**0.0788**	-0.8905	-0.9343	-0.9781	2	2
2	点锈	0.2851	-0.3937	**0.0638**	-0.9050	-0.9430	-0.9810	2	2
	一般锈	0.1101	-0.0842	**0.0035**	-0.9633	-0.9780	-0.9927	2	2
3	点锈	0.2464	-0.3727	**0.0505**	-0.9179	-0.9507	-0.9836	2	2
	一般锈	0.1606	-0.2739	**0.0209**	-0.9465	-0.9679	-0.9893	2	2
4	点锈	0.5807	-0.4529	**0.1658**	-0.8064	-0.8839	-0.9613	2	2
	一般锈	0.2815	-0.3920	**0.0626**	-0.9062	-0.9437	-0.9812	2	2
5	点锈	0.2077	-0.3415	**0.0371**	-0.9308	-0.9585	-0.9862	2	2
	一般锈	0.0624	**0.3761**	-0.3761	-0.9792	-0.9875	-0.9958	1	1
6	点锈	0.2470	-0.3731	**0.0507**	-0.9177	-0.9506	-0.9835	2	2
	一般锈	0.0958	**0.0418**	-0.0418	-0.9681	-0.9808	-0.9936	1	1
7	点锈	0.5617	-0.4511	**0.1592**	-0.8128	-0.8877	-0.9626	2	2
	一般锈	0.1901	-0.3215	**0.0311**	-0.9366	-0.9620	-0.9873	2	2
8	点锈	0.2704	-0.3866	**0.0588**	-0.9099	-0.9459	-0.9820	2	2
	一般锈	0.1939	-0.3262	**0.0324**	-0.9354	-0.9612	-0.9871	2	2
9	点锈	0.0775	**0.2249**	-0.2249	-0.9742	-0.9845	-0.9948	1	1
	一般锈	0.0331	**0.3309**	-0.6691	-0.9890	-0.9934	-0.9978	1	1
10	点锈	0.3618	-0.4198	**0.0903**	-0.8794	-0.9276	-0.9759	2	2
	一般锈	0.0920	**0.0799**	-0.0799	-0.9693	-0.9816	-0.9939	1	1
11	点锈	0.7576	-0.4647	**0.2268**	-0.7475	-0.8485	-0.9495	2	2
	一般锈	0.0664	**0.3360**	-0.3360	-0.9779	-0.9867	-0.9956	1	1

另外，根据二级检测指标实测值，即锈蚀二级检测指标对应锈蚀面积占构件面积的百分比，代入式(4.2-7)～式(4.2-10)可得到点锈和一般锈两个二级检测指标的权重分别为 0.4967 和 0.5033。

③钢主梁构件及部件锈蚀一级指标等级综合评定。

将表 4.2-16 中所得到的构件二级检测指标关于各等级的关联度、确定的二级检测指标权重按照式(4.2-11)进行加权计算，可得 11 个构件的锈蚀标度。表 4.2-17 给出了使用本书方法与规范方法的计算结果。表 4.2-17 中的每个构件的锈蚀面积占构件面积百分比是对每个构件的点锈和一般锈两种二级检测指标的面积累加。

各构件锈蚀指标关联度及标度 表 4.2-17

构件编号	锈蚀面积占构件面积百分比(%)	关联度数值					锈蚀标度	
		V_1	V_2	V_3	V_4	V_5	本书方法	规范方法
1	**1.0522**	−0.4364	**0.1465**	−0.8251	−0.8950	−0.9650	2	2
2	0.3952	−0.2379	**0.0335**	−0.9343	−0.9606	−0.9869	2	2
3	0.4070	−0.3230	**0.0356**	−0.9323	−0.9594	−0.9865	2	2
4	0.8622	−0.4223	**0.1138**	−0.8566	−0.9140	−0.9713	2	2
5	0.2701	**0.0197**	−0.1709	−0.9551	−0.9731	−0.9910	1	2
6	0.3428	−0.1642	**0.0041**	−0.9430	−0.9658	−0.9886	2	2
7	0.7518	−0.3859	**0.0947**	−0.8751	−0.9251	−0.9750	2	2
8	0.4643	−0.3562	**0.0455**	−0.9227	−0.9536	−0.9845	2	2
9	**0.1106**	**0.2783**	−0.4484	−0.9816	−0.9890	−0.9963	1	2
10	0.4538	−0.1683	**0.0046**	−0.9247	−0.9548	−0.9849	2	2
11	0.8240	−0.0617	**−0.0565**	−0.8634	−0.9181	−0.9727	2	2

由图 4.2-3 和表 4.2-17 可直观发现，各构件之间的锈蚀病害面积存在较大差异，最大差异接近 10 倍多。采用规范方法对该跨钢主梁的 11 个构件锈蚀指标等级进行评定时，所有构件锈蚀指标标度均为 2，所有构件的技术状况评分均为 75。该结果无法反映构件之间病害面积的差异性，不利于确定各构件病害处治的优先级。采用本书方法所得的各构件锈蚀指标标度是不相同的，该结果能很好地反映构件之间病害面积的差异性。

此外,当两个构件之间的病害面积相近时,难以从图 4.2-3 和表 4.2-17 中直观判断两个构件的检测指标标度是否有差异。而通过本书方法可以得到两个构件的检测指标标度,还可以得到关联度。例如,病害面积相近的第 5 个和第 6 个构件。使用本书方法计算得到的第 5 个和第 6 个构件关于锈蚀各标度的关联度依次分别为(0.0197,-0.1709,-0.9551,-0.9731,-0.9910)和(-0.1642,0.0041,-0.9430,-0.9658,-0.9886),所对应的锈蚀标度依次分别为 1 和 2。因此,使用本书方法既可以区分病害面积相近构件的病害标度,还能通过关联度反映检测指标对不同等级的偏向程度。

最后,本书方法将《公路桥梁技术状况评定标准》(JTG/T H21—2011)中的检测评定指标(本书所称的一级检测指标)细分为若干二级检测指标,并能分别确定各二级检测指标和一级检测指标的标度,更有利于辅助桥梁养护工程师对桥梁进行精准施策。例如,对于第 6、10 和 11 个构件,无论是采用本书方法还是规范方法,这 3 个构件的锈蚀标度都是 2。然而,本书方法还能进一步地确定这 3 个构件的点锈标度均为 2,而一般锈标度均为 1。分析可知,若要对该 3 个构件进行维护处治,应优先处治点锈。

至此,解决了将检测指标细分为若干二级检测指标所带来的构件检测指标的综合评定问题。后续可按《公路桥梁技术状况评定标准》(JTG/T H21—2011)中构件、部件和桥梁等技术状况评分计算公式来计算各自的技术状况得分。

3)桥梁技术状况评定的单项控制指标

在港珠澳大桥桥梁技术状况评价当中,有下列情况之一时,整座桥应评为 5 类桥:

(1)上部结构有落梁;或有梁、板断裂现象。

(2)梁式桥上部承重构件控制截面出现全截面开裂,或组合结构上部承重构件结合面开裂贯通,造成截面组合作用严重降低。

(3)梁式桥上部承重构件有严重的异常位移,存在失稳现象。

(4)结构出现明显的永久变形,变形大于规范值。

(5)关键部位混凝土出现压碎或杆件失稳倾向,或桥面板出现严重塌陷。

(6)斜拉桥拉索钢丝出现严重锈蚀、断丝,主梁出现严重变形。

(7)基础冲刷深度大于设计值,冲空面积达20%以上。

(8)桥墩(桥台或基础)不稳定,出现严重滑动、下沉、位移、倾斜等现象。

4.2.2 人工岛技术状况评定方法

人工岛的技术状况评定是根据人工岛定期检查资料,对人工岛各部件的结构状况进行技术状况评定。技术状况评定指标分布在护岸结构、防洪排涝设施、附属结构及设施和救援码头等四大部件。

1)评定方法

人工岛评定采用由构件、子构件到部件的层级式打分方法,规定最底层构件或子构件的指标评定分级标准和对应的权重值。具体评定计算方法如下:

各评定部位技术状况评分根据式(4.2-12)计算。

$$JGCI_i = 100 \times \left[1 - \frac{1}{4}\sum_{j=1}^{n}\left(JGCI_{ij} \times \frac{w_{ij}}{\sum_{j=1}^{n}w_{ij}}\right)\right] \quad (4.2\text{-}12)$$

其中,$JGCI_i$ 为人工岛部件的评定得分,值域为 0~100;w_{ij} 为各部位(结构)的各分项权重;$JGCI_{ij}$ 为各构件或子构件的评定状况值,值域为 0~4;i 为人工岛各部件序号,$i=1$~4,包括人工岛护岸结构、防洪排涝设施、附属结构及设施、救援码头;j 为人工岛各构件或子构件的序号,不同部件包含的构件或子构件数量不同;n 为人工岛各部件包含构件或子构件的数量。

分项状况值应按式(4.2-13)计算。

$$JGCI_{ij} = \max(JGCI_{ijk}) \quad (4.2\text{-}13)$$

其中,$JGCI_{ijk}$ 为各构件或子构件的状况值,根据指标评定等级取值;k 为同类构件或子构件的数量,按实际评定的构件或子构件数量取值。

人工岛综合评定评分应按式(4.2-14)计算。

$$JGCI_{总体} = \sum_{i=1}^{4} JGCI_i \times W_i \quad (4.2\text{-}14)$$

其中,$JGCI_{总体}$ 为人工岛综合评定评分结果,值域为 0~100;W_i 为人工岛各部件的权重,部件和构件指标的权重分配见表4.2-18。

技术状况评定指标与权重 W_i 分配表　　表 4.2-18

部件序号 i	部件名称	部件权重	构件序号 j	构件指标	指标权重 w_{ij}
1	护岸结构	0.42	1	挡浪墙	0.25
			2	护面结构	0.35
			3	护底结构	0.40
2	防洪排涝设施	0.35	1	排水箱涵	0.20
			2	泵房	0.20
			3	沟	0.15
			4	井	0.10
			5	阀	0.10
			6	泵机	0.25
3	附属结构及设施	0.15	1	路面铺装	0.10
			2	电缆沟	0.10
			3	照明设施	0.10
			4	检修设施	0.10
			5	景观广场	0.05
			6	岛内绿化	0.05
			7	岛上建筑	0.25
			8	暴露试验站	0.25
4	救援码头	0.08	1	码头结构	0.50
			2	码头设施	0.50

2)人工岛等级划分

根据评定分类标准,人工岛岛体回填区结构、护岸结构、防洪排涝设施、附属结构及设施、救援码头以及人工岛总体状况分别可分为 1 类(良好)、2 类(较好)、3 类(较差)、4 类(差)和 5 类(危险)。人工岛总体状况评定等级具体情况见表 4.2-19。

人工岛技术状况评定等级　　表 4.2-19

技术状况评定等级	人工岛技术状况描述
1 类	良好状态:护岸结构、防洪排涝设施各构件基本无损坏,附属结构及设施、救援码头各构件有个别轻度损坏,人工岛使用功能正常

续上表

技术状况评定等级	人工岛技术状况描述
2类	较好状态:护岸结构、防洪排涝设施各构件有个别轻度损坏,附属结构及设施、救援码头各构件有较多中度损坏,对人工岛使用功能无影响
3类	较差状态:护岸结构、防洪排涝设施各构件有较多中度损坏,附属结构及设施、救援码头各构件有大量中度损坏,但无进一步发展趋势,尚能维持人工岛使用功能
4类	差状态:护岸结构及护底结构、防洪排涝设施各构件有大量严重损坏,附属结构及设施、救援码头各构件有大量严重损坏,发展缓慢,影响人工岛安全和使用
5类	危险状态:护岸结构及护底结构、防洪排涝设施各构件有大量严重损坏,附属结构及设施、救援码头各构件有大量严重损坏,严重影响人工岛安全,并失去使用功能

在人工岛总体技术状况评定时,当护岸结构和防洪排涝设施评分达到3类或4类且影响人工岛安全时,应按照护岸结构和防洪排涝设施最差的等级评定。在人工岛适应性评定时,当岛体回填区沉降达到3类或4类且影响人工岛安全时,应按照岛体回填区沉降最差的等级评定。在人工岛技术状况评定中,当岛上排水设施、越浪泵房等关键附属设施无法正常使用时,人工岛总体技术状况应直接评定为4类。

根据人工岛技术状况评定方法的评分计算公式,可以得到人工岛的综合评分结果。按照表4.2-20所列的人工岛综合评定分类界限,评分95~100的人工岛为1类、80~95为2类、70~80为3类、60~70为4类和0~60为5类。

人工岛分类界限表　　　　表4.2-20

综合评定评分	人工岛评定分类				
	1类	2类	3类	4类	5类
$JGCI_{总体}$	(95,100]	(80,95]	(70,80]	(60,70]	[0,60]

3)人工岛技术状况评定的单项控制指标

在人工岛技术状况评定中,有下列情况之一时,人工岛总体技术状况应直接评定为5类。

(1)护岸挡浪墙沉降严重或者挡浪墙倒塌。

(2)护岸护面块体出现大量块体裂缝、棱角破损、缺失、下滑或者塌陷等现象;坡面沉降和位移严重,且呈发展趋势。

(3)护岸护底沉降和位移严重。

(4)岛桥结合部桥体或者人工岛结构发生显著永久变形,两侧结构错位严重,渗漏水严重,且有危及结构安全和行车安全的趋势。

(5)岛内出现涌沙或较大范围填土沉陷等现象。

4.2.3 沉管隧道技术状况评定方法

在交通基础设施的技术状况评定中,最常用方法为分层评定法,其体系类似于层次分析法,如《内河沉管隧道管养技术规范》(DBJ/T 15-156—2019)、《公路隧道养护技术规范》(JTG H12—2015)、《公路桥梁技术状况评定标准》(JTG/T H21—2011)都采用分层评定法进行结构技术状况评定。然而,分层评定法对评定体系构成、指标标准要求极高,针对沉管隧道,研究相对滞后,尚未有针对性标准提出,亦难以满足行业智能化、自动化、信息化发展需求,主要表现如下:

(1)评定方法方面:既有规范评价方法采用加权平均求取技术状况分值,分值取定、加权平均方式、各组分权重,对于沉管隧道,适用性不足。

(2)评定标准方面:隧道运营技术状况评定需综合反映病害成因、病害后果,既有评价以钻爆隧道为基础,衬砌权重大,而对于沉管隧道,其接头结构更为重要,但无从体现。

(3)数据来源方面:隧道运营评价方式不仅要体现结构状态,还需满足应用需求,现有体系均基于传统检测评估人工作业的可行性与便捷性,对于自动化、信息化、智能化的应用需求,在量化输入、定量计算等方面均存在不足。

1)评定方法

沉管隧道技术状况评定应采用分层评定与沉管隧道单项控制指标相结合的方法,先对沉管隧道各分项进行评定,然后对土建结构、交通工程与附属设施分别进行评定,最后进行沉管隧道的总体技术状况评定。技术状况评定流程如图4.2-4所示。

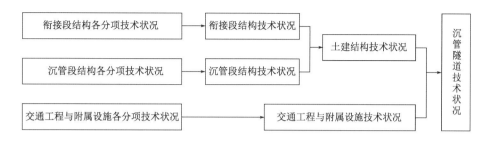

图 4.2-4　沉管隧道技术状况评定

沉管隧道土建结构技术状况评定应先逐段对各分项技术状况进行评定,在此基础上确定各分项技术状况,再进行土建结构技术状况评定。沉管隧道土建结构宜按单个管节或多个管节进行分段。隧道总体技术状况评分值应根据土建结构、交通工程与附属设施技术状况分值按照加权求和方式求得,见式(4.2-15)。沉管隧道技术状况评定流程如图 4.2-5 所示。

$$CI = (JGCI \times W_{JG} + JDCI \times W_{JD}) / \sum W \quad (4.2\text{-}15)$$

其中,CI 为总体技术状况评分,值域 0~100;$JGGI$ 为沉管隧道土建结构技术状况评分值,值域 0~100;$JDCI$ 为沉管隧道交通工程与附属设施技术状况评分值,值域 0~100;W_{JG} 为沉管隧道土建结构在总体中的权重,取为 65;W_{JD} 为沉管隧道交通工程与附属设施在总体中的权重,取为 35;$\sum W$ 为总体技术状况评定时各项权重之和,取为 100。

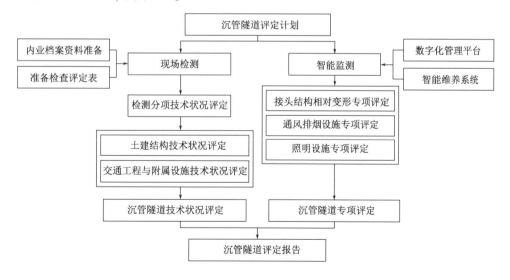

图 4.2-5　沉管隧道技术状况评定流程

土建结构技术状况评定应根据定期检查和运营监测等结果,综合考虑衔接段、沉管段的主体结构、接头结构、附属结构等各方面的影响,确定沉管隧道的技术状况等级。沉管段、衔接段技术状况评分应按式(4.2-16)、式(4.2-17)计算。

$$JGCI_{Xi} = 100 \times \left[1 - \frac{1}{4} \frac{\sum_{j=1}^{n}(JGCI_{Xij} \times \omega_{Xj})}{\sum_{j=1}^{n} \omega_{Xj}} \right] \quad (4.2\text{-}16)$$

$$JGCI_{Ci} = 100 \times \left[1 - \frac{1}{4} \frac{\sum_{j=1}^{n}(JGCI_{Cij} \times \omega_{Cj})}{\sum_{j=1}^{n} \omega_{Cj}} \right] \quad (4.2\text{-}17)$$

其中,i 为检测区段号,按实际分段数量取值;j 为分项数量,按评定区段土建结构实际分项数量取值;ω_{Cj} 为沉管段分项权重;ω_{Xj} 为衔接段分项权重;$JGCI_{Cij}$ 为沉管段第 i 区段土建结构分项技术状况评定值,值域 0~4;$JGCI_{Xij}$ 为衔接段第 i 区段土建结构分项技术状况评定值,值域 0~4;$JGCI_{Ci}$ 为沉管段第 i 区段土建结构技术状况评分值,值域为 0~100 分;$JGCI_{Xi}$ 为衔接段第 i 区段土建结构技术状况评分值,值域为 0~100 分。

不同结构类型隧道段技术状况评分应按式(4.2-18)、式(4.2-19)计算。

$$JGCI_C = \min(JGCI_{Ci}) \quad (4.2\text{-}18)$$

$$JGCI_X = \min(JGCI_{Xi}) \quad (4.2\text{-}19)$$

其中,$JGCI_C$ 为沉管段土建结构技术状况评分值,值域为 0~100 分;$JGCI_X$ 为衔接段土建结构技术状况评分值,值域为 0~100 分。

隧道衔接段、沉管段结构各分项权重值宜按表 4.2-21、表 4.2-22 取值。

衔接段结构各分项权重表　　　　　　表 4.2-21

评定组成	评定分项	分项权重	小计
主体结构	结构本体	40	40
接头结构	接缝	30	30
附属结构	减光设施	5	30
	路面铺装	4	
	检修道	1	
	排水设施	3	
	内装饰	1	
	伸缩缝	1	
	预埋件	6	
	设备用房	1	

续上表

评定组成	评定分项	分项权重	小计
附属结构	防火设施	5	30
	风塔	2	
	中管廊分区隔断	1	

沉管段结构各分项权重表　　　表 4.2-22

评定组成	评定分项	分项权重	小计
主体结构	结构本体	25	25
接头结构	止水系统(管节接头、最终接头)	13	40
	止水系统(节段接头)	7	
	剪力键(管节接头、最终接头)	8	
	剪力键(节段接头)	4	
	锚具	4	
	剪力键垫层	4	
附属结构	路面铺装	6	35
	检修道	1	
	排水设施	5	
	内装饰	1	
	伸缩缝	1	
	预埋件	8	
	设备用房	1	
	防火设施	6	
	防护设施	5	
	中管廊分区隔断	1	

土建结构总体技术状况评分应按式(4.2-20)计算。

$$JGCI = \omega_C \times JGCI_C + \omega_X \times JGCI_X \quad (4.2\text{-}20)$$

其中，ω_C 为沉管段技术状况权重，$\omega_C = 0.7$；ω_X 为衔接段技术状况权重，$\omega_X = 0.3$。

沉管隧道土建结构总体技术状况评定分级宜按表 4.2-23 的规定执行。沉管隧道总体评定应分为1类、2类、3类、4类和5类,其中,土建结构评定应分为1类、2类、3类、4类和5类,交通工程与附属设施技术状况评定应分为1类、2类、3类和4类,评定类别描述见表4.2-24。

沉管隧道土建结构技术状况评定分类界限值　　表4.2-23

技术状况评分	土建结构技术状况评定分类				
	1类	2类	3类	4类	5类
JGCI	≥85	≥70,<85	≥55,<70	≥40,<55	≥40,<55

沉管隧道土建结构总体技术状况评定类别描述　　表4.2-24

技术状况评定类别	评定类别描述
1类	完好状况。无异常情况,或异常情况轻微,对交通安全无影响;机电设施完好率高,运行正常
2类	轻微破损。存在轻微破损,现阶段趋于稳定,对交通安全不会有影响;机电设施完好率较高,运行基本正常,部分易耗部件或损坏部件需要更换
3类	中等破损。存在破坏,发展缓慢,可能会影响行人、行车安全;机电设施尚能运行,部分设备、部件和软件需要更换或改造
4类	严重破损。存在较严重破坏,发展较快,已影响行人、行车安全;机电设施完好率较低,相关设施需要全面改造
5类	危险状况。存在严重破坏,发展迅速,已危及行人、行车安全

交通工程与附属设施技术状况评定根据定期检查和运营监测等资料,综合考虑机电设施与交通安全设施的影响,确定交通工程与附属设施的技术状况等级。机电设施和交通安全设施检查交通工程与附属设施技术状况评分应按式(4.2-21)计算。

$$JDCI = \frac{100 \times (\sum_{i=1}^{n} JDCI_i \cdot \omega_i)}{\sum_{i=1}^{n} \omega_i} \quad (4.2-21)$$

其中,$JDCI_i$为各分项检设施检查设备完好率,0~100%;ω_i为各分项设施权重;$\sum \omega_i$为各分项权重和;$JDCI$为交通工程与附属设施技术状况评分,0~100。

沉管隧道交通工程与附属设施各分项权重宜按表4.2-25取值。

沉管隧道交通工程与附属设施各分项权重表　　　表4.2-25

分项	分项权重 ω_i	分项	分项权重 ω_i
供配电设施	16	照明设施	11
通风设施	12	消防设施	13
监控与通信设施	24	给排水设施	12
结构健康监测设施	6	交通安全设施	6

2）沉管隧道等级划分

沉管隧道交通工程与附属设施技术状况评定分类界限值宜按表4.2-26规定执行。

沉管隧道交通工程与附属设施技术状况评定分类界限值　　　表4.2-26

技术状况评分	沉管隧道交通工程与附属设施技术状况评定分级			
	1类	2类	3类	4类
JDCI	≥97	≥92，<97	≥84，<92	<84

沉管隧道交通工程与附属设施技术状况评定应分为1类、2类、3类和4类，评定类别描述见表4.2-27。

沉管隧道交通工程与附属设施技术状况评定类别描述　　　表4.2-27

技术状况评定类别	评定类别描述
1类	机电设施完好率高，运行正常
2类	机电设施完好率较高，运行基本正常，部分易耗部件或损坏部件需要更换
3类	机电设施尚能运行，部分设备、部件和软件需要更换或改造
4类	机电设施完好率较低，相关设施需要全面改造

3）沉管隧道技术状况评定的单项控制指标

在沉管隧道技术状况评定中，有下列情况之一时，整座隧道应评为5类：

（1）衔接段敞开部分混凝土结构大范围开裂、结构发生较大变形、渗水较严重、减光罩脱落现象较为严重，影响结构安全和行车安全。

（2）衔接段暗埋部分混凝土结构发生大范围开裂、结构发生较为明显的永久变形、渗水较严重，且有危及结构安全和行车安全的趋势。

（3）沉管段管节结构发生大范围开裂、结构性裂缝深度贯穿主体结构混凝土,影响结构安全和行车安全。

(4)沉管隧道段混凝土结构发生较大变形,管节错位较为严重,且有威胁结构安全和行车安全的趋势。

(5)管节接头区域、节段接头区域破损开裂、剪力失效、渗水较为严重,影响结构安全和行车安全。

(6)海水较大规模涌流、喷射,隧道内路面出现涌泥沙或严重积水等影响交通安全的现象。

(7)路面隆起较严重,路面错台、断裂较为严重,影响行车安全。

(8)隧道内各种设备洞室和隧道内装较严重锈蚀、损坏,变形或脱落较为严重,影响行车安全。

4.3 桥岛隧综合评估

桥梁、人工岛与沉管隧道的评估理论都采纳了先分析后综合的主体思想,因而桥、岛、隧的评估理论具有高度一致性。然而,三类设施的评估理论都包含各自领域的特殊性,仍需有效的整理、抽象及结合,才能获得更高一层的、系统的、与具体设施类型无关的评估理论,即桥岛隧一体化评估理论。经调研,粒计算倡导的多粒度、多层次、多视角的结构化方法契合桥、岛、隧的评估理论,且具有粒子、粒层、粒结构这些与专业知识相对独立的概念,为桥、岛、隧评估理论的描述提供了一个通用语言。

4.3.1 粒计算简介

一个实际问题或系统总是由众多关联的部分组成。这种结构反映了两个主要特征:一个整体可以看成是由部分组成的网状结构,任何一个部分都可能同其他部分相连;一个部分也可能是由更小部分组成的网状结构。虽然复杂的网结构更精确地描述了整体与部分的关系及各部分之间的关系,但是它的复杂性对于问题求解造成了很多困难。粒结构能将复杂的网络转化为一个较为简单得多层次结构。这种转换是基于部分之间的耦合性质,将强耦合的部分合成一体,将弱耦合的部分分开。这种集合和分离可以在不同尺度下进行,这就自然引入了粒度与层次的概念。粒计算正是基于这种简化的粒结构的问题求解。

1) 粒、层、多层次结构

在粒计算中,粒是一个最基本的抽象概念。粒具有双重身份,可以是其他粒的一部分,也可以是多个更小粒组成的整体。粒对应于整体的一部分,将一个整体分成很多粒,我们获得一个粒化的理解与描述,将一簇粒聚合成一个更大的粒,我们可以获得一个抽象的理解与描述。粒有三个基本特征,即内部特征、外部特征和环境依赖特征。当把一个粒分解为一簇小粒时,我们研究这簇粒的相互关系,它决定了粒的内部特征。当一个粒作为另一个粒的一部分时,我们只考虑它所显示的外部特征,而不考虑其具体的内部结构。粒的存在与解释取决于它和其他粒的关系。这就是说,一个粒的存在和解释依赖于它所处的环境。粒有效地描述了整体、部分以及它们之间的关系。粒的具体角色决定于问题求解的不同阶段的侧重点。不同大小的粒给出了人们理解和解决问题的不同单位和尺度。对不同的问题,我们用不同粒度。

层是粒计算的另一个重要概念。一个层由同样大小或同样性质的粒组成。粒给出局部描述,由一簇粒形成的层给出一个给定粒度的全局描述。不同的层次可以通过它们的粒度组织起来,这样就形成了一个多层次结(Hierarchy)。简而言之,粒和层次的粒度导致了多层次结构,这种多层次结构称为粒结构。在一个多层次的粒结构中,每一层次由多个相互影响、相互关联的粒组成,不同的层给出不同的粒度或尺度的描述。

按其大小,粒结构将粒有序地组织起来,形成一个简单易懂的多层次结构。我们通过粒度来表示这种特征及关系。在不同粒度上,我们的聚焦点也不相同。

2) 多视角

粒结构是简化问题理解和求解的有效方法之一。但是,一个粒结构只可能给出一个局限性的视角。要全面地理解部分到整体的复杂网状结构,我们必须采用多个粒结构。对于现实世界的描述,多个粒结构可以给出复杂网络的不同视角。通过这些视角的组合我们才有可能全面地理解复杂网络。在一个粒结构中,不同的粒度使我们对问题有多层次的理解;多视角方法将复杂网络转换为若干个多层次数结构,反映了对同一问题理解的多个角度和视点。多层次和多视角是粒计算的核心内容。

多视角粒计算方法有两个优点:通过对问题的多样性描述,我们可以寻找解决问题可能存在的最优化方法;多视角的组合可以给出任何一个单视角得不到的结果。例如,一条数学定理可以由多种方法,如代数、几何等方法来证明。虽然定理本身没有改变,我们对它的认识及理解可能上升到一个新的高度,这个高度不可能仅由单一代数方法或几何方法获得。一个实验结果可以有多种解释,从而得到不同的结论。

4.3.2 基于粒计算的桥岛隧一体化评估理论

1) 设施结构的粒化

设施结构的粒化是指按构件在协同受力或协同工作体系中耦合关系的强弱将设施结构逐层划分,包括设施级、部位级、部件级、构件级、子构件级。桥梁、隧道、人工岛结构的粒化结果详见第 2 章,在此不再赘述,仅特别指出粒计算结合结构分析形成的"商空间"理论对结构解析具有重要的指导意义。

2) 设施性能的粒化

设施性能的粒化是指构建设施性能指标体系、明确设施综合性能的内涵,以从多角度、全面地考察设施的性能。在桥岛隧一体化评估理论中,除子构件粒层未定义性能指标外,其他粒层(构件级、……、设施级)粒的综合性能均定义为技术状况与适应性的组合,其中技术状况基于构件的表观病害信息定义,而适应性基于构件性能劣化的机理与长期观测数据定义。值得注意的是,整体的性能不仅取决于部分的性能,还取决于部分之间的相互关系。因而不能将整体的性能归结到部分的性能,即整体大于部分的总和。整体具有某些独特的性能指标,而这些独特的性能指标是任何部分都不具备的,可理解为当构件数量积聚到一定程度后"涌现"出来的新性能。因而,粒的适应性在不同粒层具有不同的定义,例如在设施级,适应性定义为耐久性、承载能力、抗灾害能力、通行能力的组合,而在部件级和构件级,适应性仅包含耐久性。

3)设施综合性能评估的粒结构

设施综合性能评估的粒结构是指建立多粒层之间粒的性能指标的关系以及同一粒层中综合性能与其他性能指标之间的关系。具体包含:子构件层病害信息到构件层技术状况;构件级的技术状况、耐久性逐层汇总到设施级技术状况、耐久性;各粒层的综合性能指标与适应性指标的定义。

(1)子构件层病害信息到构件层技术状况:$C = f(D_i, i = 1, \cdots\cdots)$。其中,$C$为构件技术状况;$D_i$表征该构件上某种病害类型的严重性,在桥梁评估标准中称为病害标度,在岛、隧评估标准中称为病害状况值。

(2)构件级的技术状况逐层汇总到设施级技术状况:$C^p = g(C_i^c, i = 1, \cdots\cdots)$。其中,$C^p$是上一粒层粒的技术状况;$C_i^c$是下一粒层子粒(上层粒的元素)的技术状况;$g$是汇总函数,在桥梁评估标准中为加权平均函数,在岛、隧评估标准中为加权平均函数或最小值函数。

(3)构件级的耐久性逐层汇总到设施级耐久性:$D^p = h(D_i^c, i = 1, \cdots\cdots)$。其中,$D^p$是上一粒层粒的耐久性;$D_i^c$是下一粒层子粒(上层粒的元素)的耐久性;$h$是汇总函数-加权平均函数。

(4)各粒层综合性能指标的定义:$P_i = g(A_i, C_i)$。其中,P_i为粒的综合性能;A_i为对应粒的适应性;C_i对应粒的技术状况;g为加权汇总函数。

4.3.3 设施性能指标体系

设施性能指标库包括综合技术状况以及适应性两类指标,综合性能充分考虑基于表观病害信息得到的技术状况以及基于力学特征信息得到的构件专项评估,将两者进行有机结合。适应性指标考虑桥岛隧结构更多方面的性能表现,考虑桥岛隧对象的退化趋势(如耐久性),考虑设施在现行或预期的交通条件下,能否满足交通需求的程度(如通行能力),考虑该方法能够考虑设施所处的环境气候条件以及运营状况,模拟不同灾害作用下设施结构主体的受力和破坏情况(如抗灾害能力),考虑该方法能够考虑设施在使用过程中受到的各种作用以及环境因素的影响,分析桥梁结构的变化和损伤程度,评价桥梁的承载能力是否满足现有交通运输对其的要求(如承载能力),以及行车舒适度(如铺面健康服务指数)。以上为原始指标,未来可以根据行业技术发展和理论突破增加更多评估维度,均可以按照指标库规范纳入其中。

多源性能指标来源广泛,且各自成体系,最突出的问题表现是值域不一致,要综合多源性能指标首先要统一其值域。经研究,采取多属性效用函数对多性能指标进行统一。多属性效用函数具有两大优点:① 参数较少且容易获得,仅需要设置需要归一化的两个指标原本的值域,以及输入决策者能够承受的风险极限值,就可以运行方程进行计算;② 允许决策者根据自身风险承担能力与数据的不确定性调整模型,这一特点集中体现在对风险极限值的设置上,考虑了决策者的风险偏好,使其更符合管理预期。

对设施性能指标库中的指标数据进行归类整理,同时厘清桥岛隧设施结构的关键脉络,构建科学的设施性能指标体系,并使其灵活可配置,解决桥岛隧设施性能管理的核心痛点。定义综合性能,全面评估设施性能,从管理的角度出发,将管理者关心的设施性能按照理想的方式进行组织,从设施的安全、耐久、适用的角度出发,设置对应的指标权重,具体可参考表4.3-1。将设施的抗劣化能力、承载能力等各方面的性能运用一个统一的综合性能进行高度概括,为设施的性能退化研究,维养规划研究的前置条件提供数据支撑。综合性能指标如图4.3-1所示。

综合评估性能指标体系与指标权重 表4.3-1

桥梁综合性能	技术状况(0.6)	
	适应性(0.4)	承载能力(0.3)
		抗灾能力(0.2)
		通行能力(0.2)
		耐久性(0.2)
		行车舒适性(0.1)
人工岛综合性能	技术状况(0.6)	
	适应性(0.4)	岛体整体稳定性(0.7)
		抗淹没能力(0.2)
		抗冲刷能力(0.1)
隧道综合性能	技术状况(0.4)	
	适应性(0.6)	管节接头服役性能(0.4)
		照明系统服役性能(0.3)
		通风排烟系统服役性能(0.3)

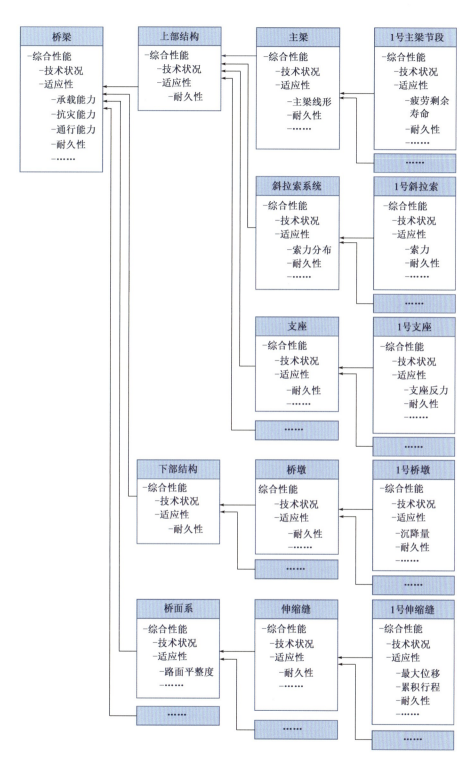

图 4.3-1 综合性能指标

4.4 本章小结

本章确立了桥岛隧一体化评估技术体系,详细介绍了病害量化方法。在综合评估模块,引入桥岛隧适应性评定指标,通过多属性效用方程,将不同值域和量纲的指标转化为百分制评分,进一步通过加权评价的方式定义了桥岛隧综合服役性能,从而更全面准确地评估桥岛隧的真实服役性能。

CHAPTER 5 | 第 5 章

港珠澳大桥维养决策模型

5.1 概述

桥梁管理主要包含两个部分,即桥梁检测与监测、桥梁养护与维修。目前的桥梁检测都是依据规范规定进行日常巡检与定期检测[1],发现病害后,再进行特殊检查。桥梁养护与维修主要针对已出现的病害进行处治,并未强调预防性养护。而国外已成熟的养护体系充分说明,在桥梁早期,预防性可以显著节约全寿命周期维修养护费用,减少桥梁中期维修加固频次。对于桥梁管理养护决策优化,主要体现在采取主动策略,针对性检测可能发生的病害,做好预防性养护,尽可能节约成本,而不建议采用被动性养护策略,周期性检测,发现病害再进行处治。

采取主动管理养护策略关键需要了解桥梁结构性能退化模型,地域、环境不同,影响桥梁结构退化的主导因素也各不一样,各种影响因素之间必须区别对待、分清主次。桥梁结构的退化预测主要有两种途径:一种是通过结构退化的历史统计数据来预测结构将来的状态;另一种是尝试从模拟影响桥梁结构退化各种因素的时变情况出发,预测结构的退化。在现行的桥梁管理系统中,退化预测往往是针对桥梁缺损状况的总体预测,其基本思路是在统计数据上的定量建模和概率分析。目前主要的预测方法有:①试验法:采用耐久性加速试验进行结构性能退化的模拟[2];②确定性曲线模型[3]:曲线拟合法、回归模型法、时间序列分析法;③随机退化模型:马尔可夫链法、基于可靠度理论的方法等[4];④机器学习模型[5]:神经网络法、强化学习等。

1) 试验法

采用多组耐久性加速试验对构件进行退化预测模拟。日本的桥梁管理养护系统 J-BMS 采用该方法建立了桥梁构件退化预测模型[6]。此类方法预测可靠度高,但缺点是需要在与桥梁相同的环境下进行大量的重复性实验,时间与费用成本高。

2) 确定性曲线模型

确定性曲线模型是采用数学和统计方法来描述影响退化的因素(如桥龄)

和结构的状态[7]。模型在用回归预测曲线计算时忽略了随机误差的影响,故模型只能预测结构将来的状态,其优点是运用起来相对简单,计算效率高。缺点也非常明显:①未考虑结构所处环境的不确定性,材料本身的不确定性,使得预测结果与实际偏差较大;②确定性的劣化曲线导致确定性的养护维修策略,无法应对突发情况;③忽视了桥梁各不同组成部分的劣化机理的相互影响;④当桥梁检测与监测数据库更新时,不便修正原始模型。确定性模型可分类为:直线外推法、回归分析法、曲线拟合法、时间序列分析法等。

3) 随机退化模型

由于在结构退化过程中各影响因素的随机性,随机模型是目前泛化能力最强、实际运用最为广泛的结构性能预测模型。随机模型可分类为:马尔可夫模型、可靠度模型、韦伯模型。其具备以下优点:①随机退化模型能以概率方程描述结构随机退化过程;②随机退化模型的参数可以用贝叶斯方法进行实时的更新;③随机退化模型的建立过程可以根据不同的构件、地理环境、交通情况进行分类建模,具有较高针对性。缺点是理解模型需要有一定的数学功底,一般工程管理人员较难掌握。

美国主流桥梁养护系统 PONTIS、BRIDGIT、BLCCA 以及 Bridge LCC 等,均采用马尔可夫链(Markov Chain)作为桥梁退化预测模型的理论基础[8]。加拿大桥梁管养系统中的生命周期成本评估建立在可靠度的分析上。欧洲发展的 BriME(Bridge Management in Europe)也采用基于可靠度理论的状态评估方法[9]。

4) 机器学习模型

计算机网络的快速发展,促使人工智能技术广泛运用于工程界中。人工智能模型可分为:神经网络系统、强化学习及其他方法。目前机器学习的方法预测处于研究阶段,在实际工程领域有一定运用,但并未形成体系。其在图像识别、病害分类、结构响应分析、劣化预测等领域都有一定程度运用[10]。其优点非常明显,运算效率高、拟合精度高、运用范围广,但是,机器学习建立退化模型仍具有一定的问题:①神经网络本身属于黑匣子,物理层面解释性差;②神经网络有较为固定的输入层与输出层,拓展性较差。

本书主要介绍目前在国外桥梁实际落地运用的随机退化模型,并且在此基础上,创新建立适用于国内规范的桥梁性能演化模型。主要包括马尔可夫状态转移模型与韦伯退化模型。

5.2 性能演化模型

5.2.1 马尔科夫状态转移模型

马尔可夫链是一种离散状态的马尔可夫模型,其表示桥梁结构或构件的状态是离散的,对应于《公路桥梁技术状况评定标准》(JTG/T H21—2011)的5类离散状态。马尔可夫链建立需要有桥梁检测大数据库支持。由于马尔可夫链的建立需要统计构件在特定环境、相同受力情况下的劣化规律,所以马尔可夫链需要强大的桥梁检测数据库支持,即使对于同一种类构件,如板式橡胶支座,同一座桥梁上不同部位的支座,受应力幅大的支座老化更为明显。目前推行的马尔可夫状态概率转移矩阵需要对检测数据库进行有效的分类后,再加以统计。对于具体的桥梁状态转移规律,需要统计该桥构件劣化规律后,对初始矩阵进行更新。针对不同龄期的构件,建立非稳态状态概率转移矩阵。

马尔可夫过程描述的是规律性的概率变化模型,其用状态概率转移矩阵描述了当构件或部件经历一个规定周期的作用后,由当前状态转移到另一个状态的概率,方程表示为 $P(S_{t+1}|S_t)$。状态的全部取值组成的集合称为状态空间。针对桥梁,状态空间为$\{1,2,3,4,5\}$。由于桥梁劣化相对缓慢,其有较大概率保持当前状态,小概率劣化下一个状态。可采用状态单阶跳跃的马尔可夫矩阵,如图5.2-1所示。

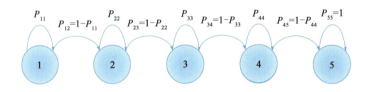

图 5.2-1 马尔可夫状态转移过程

数学上为了方便计算,采用矩阵的形式,单位周期内的概率转移矩阵 P 可以表示为:

$$P = \begin{pmatrix} r_1/(r_1+1) & 1/(r_1+1) & & & \\ & r_2/(r_2+1) & 1/(r_2+1) & & \\ & & r_3/(r_3+1) & 1/(r_3+1) & \\ & & & r_4/(r_4+1) & 1/(r_4+1) \\ & & & & 1 \end{pmatrix}$$

(5.2-1)

马尔可夫过程矩阵为方阵,其中矩阵行号代表当前构件的状态,矩阵列号代表构件经历单位周期后的状态,行列在矩阵中的对应值代表概率,即状态的转移概率。其中,r_i对应为该构件维持当前状态的期望时间,其值越小,表示该构件劣化速率越快。由式(5.2-1)可知,对于马尔可夫模型,确定具体构件的性能劣化曲线需要4个基本参数$r_1 \sim r_4$。这4个参数决定了具体构件的一般劣化规律,对于特定环境中的构件,还需要对这4个参数进行修正。具体过程如下:

(1)针对服役龄期的修正,在这种方法中,特定区域或年龄组中桥梁组件的平均状况等级首先通过对该组中的所有桥梁应用多项式回归来确定,形式为:

$$Y_t = \beta_0 + \beta_1 t + \beta_2 t^2 + \beta_3 t^3 \tag{5.2-2}$$

其中,Y_t是桥梁构件在t时刻的状态;β_0、β_1、β_2与β_3是待定的回归系数。在得到拟合曲线后,通过最小化由马尔可夫链的条件评级的理论期望值$E(t,P)$与拟合曲线得到的状态值$\hat{Y}_t$之间的差异,来计算矩阵的状态转移概率。需要优化的目标函数如式(5.2-3)所示:

$$\min \sum_{t=1}^{N} |\hat{Y}_t - E(t,P)| \tag{5.2-3}$$

Subject to $0 \leqslant P_{ij} \leqslant 1$ and $\sum_{j=1}^{k} P_{ij} = 1$, for, $i,j = 1,2,\cdots,k$

其中,N是该龄期段的时间;P_{ij}是状态i到状态j的概率。

具体算例如下,针对港珠澳大桥某类构件,在检测数据库中,统计同类构件$7 \sim 13$年的状态变化规律,计算其期望状态值,采用三次多项式进行回归,得到如图5.2-2所示曲线$\hat{Y}_t$。由式(5.2-1)可知,需对矩阵假定4个参数。

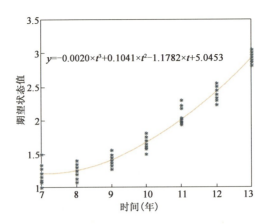

图 5.2-2　三次多项式状态回归方程

采用梯度下降法,计算符合三次多项式的状态概率转移矩阵。以上方法适用于得到结构的退化曲线,根据退化曲线反推状态概率转移矩阵。实际工程中,也可以直接利用桥梁检测数据库中的统计值,采用最小二乘法,逐次回归出 r_i。算例结果如图 5.2-3 所示。

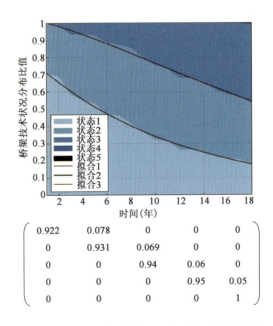

图 5.2-3　马尔可夫状态概率转移矩阵计算方法

（2）针对环境影响变量的修正,对于钢构件,环境会加速钢材的锈蚀速度,从而影响构件的使用寿命与状态,对于混凝土构件,碳化和氯离子会分别影响混凝土的强度与内部钢筋的锈蚀,从而降低混凝土构件的使用寿命。

（3）后验状态概率转移矩阵，对于具体桥梁，当获取了足够多的数据后，可采用卡尔曼滤波方法对初始的马尔可夫矩阵进行贝叶斯更新。对港珠澳大桥某构件算例如下：对于同类构件，其维持状态1的时间如图5.2-4所示。

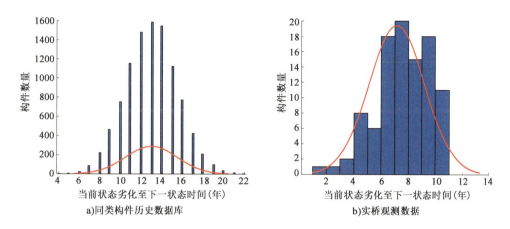

图 5.2-4　同类构件维持状态 1 的时间

采用卡尔曼滤波公式对先验分布与观测分布进行融合，得到符合实际情况的后验分布。卡尔曼滤波修正分布如图 5.2-5 所示。

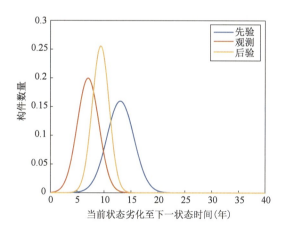

图 5.2-5　卡尔曼滤波修正分布

$$y_{fused}(r;\mu_{fused},\sigma_{fused}) = \frac{1}{\sqrt{2\pi\sigma_{fused}^2}}e^{\frac{(r-\mu_{fused})^2}{2\sigma_{fused}^2}} \qquad (5.2\text{-}4)$$

$$\mu_{fused} = \frac{\mu_1\sigma_2^2 + \mu_2\sigma_1^2}{\sigma_1^2 + \sigma_2^2} \qquad (5.2\text{-}5)$$

$$\sigma_{fused} = \cfrac{1}{\cfrac{1}{\sigma_1} + \cfrac{1}{\sigma_2}} \quad (5.2\text{-}6)$$

其中,μ 为正态分布均值,σ 为标准差,下角标代表分布编号。修正后的分布 y_{fused} 符合图 5.2-5。

5.2.2 韦伯退化模型

持续时间模型是对桥梁组件保持在特定条件状态的时间进行拟合的模型。在此类模型中,构件直到劣化到下一个状态的持续时间被视为随机变量,代替了以状态本身为模型的马尔可夫模型。持续时间模型可以更好地模拟劣化过程的随机性质,考虑早期确定模型中无法考虑的时间依赖性。最早的基于时间的模型是为美国纽约州高速公路管理局(NYSTA)的路面管理和桥梁管理系统开发的状态增量模型。在这些模型中,状态转换时间的概念被定义为两次连续状态变化之间的时间。假设转换时间的最小值和最大值之间是均匀分布的,然后使用这种假设的参数分布来估计在任何指定时间内发生指定状态转换事件的累积概率,称为"转换概率"。该方法在美国纽约州高速公路的 123 座桥上进行了运用,现由此产生的劣化模型比原始模型更准确。持续时间模型对比马尔可夫模型,其可以应对数据缺失的情况,使得该模型应用面更广。

假定桥梁维持某一状态的时间为 T,由不同的持续时间可以构成累积概率密度分布 CDF,对于时间 t 时刻,构件劣化至下一状态的概率可以由累积概率密度方程给出,如下:

$$S(t) = 1 - F(t) = p(T > t) \quad (5.2\text{-}7)$$

其中,$F(t)$ 为失效概率;$S(t)$ 为维持该状态的概率,该概率方程为一个单调递减方程,当 $t=0$ 时,$S(t)$ 概率为 1,当 t 趋于 ∞ 时,$S(t)$ 概率趋于 0。当构件已维持当前状态时间为 t,在下个时间段 Δt 内,失效的概率为:

$$l(t, \Delta t) = P(t \leq T \leq t + \Delta t \mid T \geq t) \quad (5.2\text{-}8)$$

当趋于 $\Delta t = 0$ 时,可得到 t 时刻失效概率密度方程:

$$h(t) = \frac{\lim_{\Delta t \to 0}[P(t \leq T \leq t + \Delta t) \mid T \geq t]}{\Delta t} = -\frac{d \ln S(t)}{dt} \quad (5.2\text{-}9)$$

现定义一个新概念,劣化概率,用来衡量桥梁构件在特定登记下,在任何给定时刻,构件劣化至下一等级的概率。劣化概率也可称为条件故障率,与观测时间相关。如果假定劣化概率为恒定值,与时间无关,意为该过程为无记忆过程,模型退化成马尔可夫过程。该模型在时间上具有独立性,可采用指数函数进行模拟:

$$S(t) = e^{-\lambda t} \tag{5.2-10}$$

此时,$h(t) = \lambda$。一般来说,危险率函数可能有一个向上或向下的斜率,这取决于故障风险是随时间增加还是减少。这分别称为正或负持续时间依赖性。现假定 $f(t)$ 是 $F(t)$ 随时间 T 的概率密度方程。概率密度函数、累积密度函数、维持当前状态概率和劣化概率的关系如下:

$$h(t) = \frac{f(t)}{S(t)} = \frac{f(t)}{1 - F(t)} \tag{5.2-11}$$

对从 0 开始到当前时段 t 的失效概率密度函数进行积分,可以得到与构件维持当前状态的概率关系式,如下:

$$H(t) = \int_0^t h(x) \mathrm{d}x = -\ln S(t) \tag{5.2-12}$$

在持续时间模型中,适用性最广的模型是韦伯(Weibull)模型。韦伯模型主要描述了不同类型构件在其早期、中期、末期的失效概率与服役时间之间的关系。韦伯模型由于其分布富于弹性,对于结构可靠性分析的"盆浴曲线"具有较强的适应能力,在发展变化的预测上具有一定的优势。结构失效概率与时间的关系如图 5.2-6 所示。

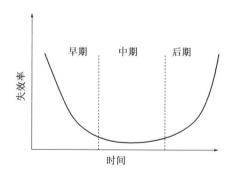

图 5.2-6 结构失效概率与时间的关系

韦伯模型主要失效概率密度函数用来描述构件失效概率随着时间增长的关系,具体三参数公式如下:

$$f(t) \begin{cases} \dfrac{b}{a}\left(\dfrac{t-r}{a}\right)^{b-1} e^{\left[-\left(\frac{t-r}{a}\right)^b\right]}, & t > r \\ 0, & t < r \end{cases} \quad (5.2\text{-}13)$$

其中，t 为构件失效时间；a 为尺度参数 Scale Factor；b 为形状参数 Shape Factor；r 为位置参数 Location Factor。通过调用数据库中该构件的失效时的服役时间，通过最小二乘法或最大似然法可以计算出韦伯模型的 3 个参数。

从数据拟合的角度看，韦伯模型富于弹性，归结于形状参数的变化。随着时间的变化，结构失效率的变化模式可分为三个阶段，韦伯分布对于结构可靠性分析的"盆浴曲线"的三个阶段具有较强的适应能力，是一种连续型分布，在一定程度上揭示了失效率的增减特性与失效机理间的关系，使得失效率函数的特性成为一个可靠性模型的重要特征。韦伯模型在结构可靠度分析应用中通常作为一种和时间有关的分析方法，一般情况下有两种分布模型，即为三参数模型和两参数模型。当位置参数 Location Factor 为 0 时，三参数模型自动退化为两参数模型。

现有某座桥梁同类型构件，其失效时间统计见表 5.2-1，表中值表示其中一个构件从生命周期开始到破坏时的工作时间。

构件服役时间（年） 表 5.2-1

20 个构件劣化时间									
17.8	21.3	23.8	25.9	27.4	36.6	38.5	39.7	41.2	43.4
29.4	30.6	32.3	33.5	34.9	44.5	47	48.8	52.5	61.4

采用最大似然估计对三参数模型进行估计，得到三参数的韦伯模型，其中尺度参数 $a = 25.05$，形状参数 $b = 2.16$，位置参数 $r = 14.31$。累积失效概率图与失效概率密度如图 5.2-7 所示。

最终通过式(5.2-8)可以得到在韦伯模型下，该构件的劣化概率随时间变化图，如图 5.2-8 所示。

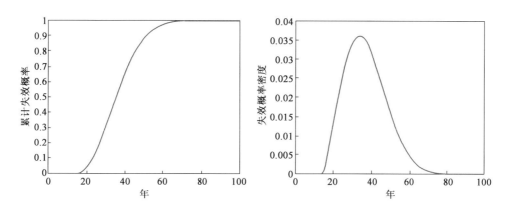

图 5.2-7　累积失效概率图与失效概率密度

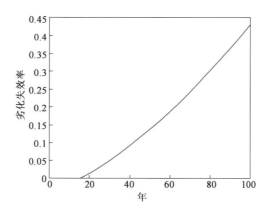

图 5.2-8　构件劣化概率图

5.3　维养决策模型

桥岛隧养护业务分为应急养护、日常养护、预防养护与修复养护。应急养护针对突发性的重大、危急病害,该类病害依据应急预案或专家决策组织应急处置;日常养护针对保养小修合同涵盖的轻微病害类型,通常可在病害发现后短时间内由养护单位派遣工人进行保养或小修;预防养护针对与结构关键部位耐久性问题密切相关的早期病害或非病害,通过相关参数监测、耐久性评估与预防养护决策可以推荐合适的预防养护措施与执行时机;修复养护针对需要组织养设计与施工的常规病害,其病害类型、通用养护措施与参考定额可通过维养数据库获取。桥岛隧维养决策业务是针对预防养护与修复养护两类养护业务进行短期计划(采用优先排序模型)与中长期规划(采用决策优化模型),为大桥管理单位提供辅助决策,对短期养护项目执行次序和中长期养护预算估算提供科学的量化依据。跨海集群设施维养决策业务框架如图 5.3-1 所示。

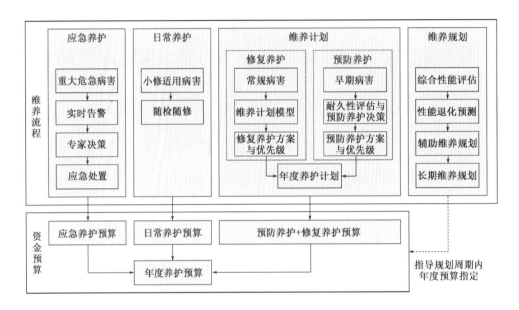

图 5.3-1　桥岛隧维养决策业务框架

5.3.1　优先排序模型

跨海集群工程体量庞大,在运营过程中会产生大量的病害。为了实现收益最大化,有必要高效利用有限的养护资源。为解决有限资源下的多任务决策问题,可以提出一种明确可执行的分级标准,用于划分各任务的轻重缓急。这种方法在实践中具有较高的实用性。根据现有管养体系,桥岛隧的病害可初步划分为以下三类:

(1)显著影响设施运营安全的严重或危急的病害。这些病害往往与灾害、事故等概率事件有关,一旦发现就需要立即进行处理,属于应急业务。由于处治这类病害的成本较高,可能需要特别申请经费。这种类型的病害无法按照预定维护计划的顺序进行处理。

(2)在日常养护作业范围内可处理的轻微病害。这类病害可以通过日常巡检及时发现,采用日常保洁、保养等维护措施即可完成处治工作。处理这些病害的成本已经包含在日常养护合同范围内,因此无须进行任务排序和资金分配。这类病害可以按照日常养护计划进行处理。

(3)不属于前述两类的其他病害。这些病害在所有病害中的数量最多,严重性和维护成本介于前两类之间。为了实现养护资源的充分利用和理想的维护效果,需要有序地完成维护工作,并在养护预算范围内进行。为了合理分级和排序这类病害的维护任务,建立维护优先级划分标准,引入"病害影响因子"作为维护任务紧迫性的量化指标,用于指导维护任务的排序。

为了衡量待处理病害的紧迫性,应重点考虑病害对结构运营安全的影响。可以根据病害所在部件的重要性和病害本身的严重程度来全面评估病害对整个结构的危害程度。设施的各部件可划分为主要部件和次要部件两类,当主要部件和次要部件出现同等严重程度的病害时,主要部件上的病害对整个结构的危害更大。病害根据其严重程度可划分为危急、重度、中度和轻度病害,其中危急病害需要进入紧急维护流程,不在优先排序范围内。根据部件的重要性和病害的严重程度,可以制定维护优先级划分规则,见表5.3-1。

维养优先级划分标准 表5.3-1

维养优先级		部件等级	
		主要部件	次要部件
病害严重程度	重度	Ⅰ	Ⅱ
	中度	Ⅱ	Ⅲ
	轻度	Ⅲ	Ⅲ

(1)对于主要部件的重度病害,维养优先级划分为Ⅰ级,即"应养护"。这类病害必须在当前计划期内完成处治,其预估维养费用将是本期维养预算的必要组成部分。

(2)对于主要部件的中度病害或次要部件的重度病害,维养优先级划分为Ⅱ级,即"宜养护"。这类病害应尽量在当前计划期内完成处治。当本期预估费用的累计值较高时,可以选择其中的部分病害进行维养,其余的病害可以顺延至下一计划期进行处理。

(3) 对于主要部件的轻度病害或次要部件的中度或轻度病害,维养优先级划分为Ⅲ级,即"可养护"。在当前计划期的预算情况较为乐观时,可以选择性地进行处治,以达到预防性养护的目的。

在完成维养优先级的定性划分后,需要进一步提取用于描述病害维养紧迫性的量化指标,以便对维养条目进行更详细的排序。其中,部件重要性可以通过计算部件在全设施中所占的权重 w_t 来表示:

$$w_t = w_p \times w_c \tag{5.3-1}$$

其中,w_p 为部件所属部位在全设施中的权重;w_c 为部件在其所属部位中的权重。

对于病害严重程度的评估,除了根据病害标度从而获得相应扣分值外,还需要考虑发生该类病害的构件在部件内所占的比例。这是因为,如果某类病害只发生在部件中的少数构件上,仅计算平均分会导致该病害引起的扣分被显著稀释。因此,在计算部件得分时,引入一个修正系数 T,使其与含该类病害的构件占比正相关,以确保对于集中发生在少数构件上的病害不会被忽视。

计算某部件某类病害对全设施技术状况影响程度的量化指标,过程如下:

计算各构件在该类病害影响下的得分:

$$MCI_i = 100 - dm_i \tag{5.3-2}$$

其中,MCI_i 为部件下第 i 个构件在单一类型病害影响下的得分,未发生该类病害的构件不计算;dm_i 为第 i 个构件在当前病害标度下的扣分。

计算部件在该类病害影响下的得分:

如果各构件扣分的最大值 $\max(dm_i) \leq 40$,则

$$CCI = \frac{1}{N}[n \times \overline{MCI} + (N-n) \times 100] - \frac{\max(dm_i)}{T} \tag{5.3-3}$$

否则

$$CCI = \min(MCI_i) \tag{5.3-4}$$

其中,CCI 为部件在该类病害影响下的得分;N 为该部件的构件总数;n 为部件中发生该类病害的构件数量;$\overline{MCI}$ 为发生该类病害的构件得分的平均值;T 为部件得分修正系数,根据发生该类病害的构件占比 n/N 取值,见表5.3-2。

T 值(表中未列出数值采用内插法计算)　　　　　　　　　　表 5.3-2

n/N	T	n/N	T
1	∞	1/11	7.9
1/2	10	1/12	7.7
1/3	9.7	1/13	7.5
1/4	9.5	1/14	7.3
1/5	9.2	1/15	7.2
1/6	8.9	1/16	7.08
1/7	8.7	1/17	6.96
1/8	8.5	1/18	6.84
1/9	8.3	1/20	6.72
1/10	8.1	1/∞	6.6

计算病害影响因子 IFSD：

$$IFSD = \sqrt{\frac{w_t}{10}} \times (100 - CCI) \tag{5.3-5}$$

以港珠澳大桥的青州航道桥为例,挑选其典型病害进行模拟试算(为了体现多个维养优先级,对现有病害的实测严重程度进行了提高)。对各类待处治病害定性分级的过程及结果见表 5.3-3,定量排序的过程及结果数据见表 5.3-4。

青州航道桥待处治病害定性分级(示例)　　　　　　　　表 5.3-3

部件名称	部件等级	病害类型	实测最大扣分	病害严重程度	维养优先级
主梁	主要部件	钢梁构件锈蚀	45	重度	Ⅰ-应养护
索塔	主要部件	剥落露筋	40	中度	Ⅱ-宜养护
桥墩	主要部件	墩身非结构性裂缝	40	中度	Ⅱ-宜养护
主梁	主要部件	钢梁构件涂层劣化	35	中度	Ⅱ-宜养护
斜拉索系统	主要部件	拉索护套防护层破损	25	轻度	Ⅲ-可养护
栏杆护栏	次要部件	钢栏杆护栏锈蚀	25	轻度	Ⅲ-可养护

青州航道桥待处治病害定量排序(示例)　　　　表5.3-4

部件名称	病害类型	构件总数 N	带病害构件数 n	T值	病害可达标度	实测病害标度最大值	单构件扣分最大值	带病害构件得分均值	部件得分 CCI	部件综合权重 w_t	病害影响因子 $IFSD$
主梁	钢梁构件锈蚀	85	5	6.96	5	3	45	61	55.00	0.1125	4.77
索塔	剥落露筋	2	2	∞	4	3	40	67.5	67.5	0.1125	3.45
桥墩	墩身非结构性裂缝	4	2	10.00	4	3	40	60	76.00	0.081	2.16
主梁	钢梁构件涂层劣化	85	17	9.20	5	2	35	65	89.20	0.1125	1.15
斜拉索系统	拉索护套防护层破损	112	6	6.80	4	2	25	75	94.98	0.18	0.67
栏杆护栏	钢栏杆护栏锈蚀	48	3	7.08	4	2	25	75	94.91	0.018	0.22

5.3.2 维养规划模型

结构的长期维养规划模型需要维养指标指导数学模型的建立,如基于系统可靠度、经济指标、技术状况等单一性能指标建立单目标规划问题,进而得到维养决策清单[11-15]。Dong引入多属性效用函数对桥梁维养问题中的多目标规划问题进行分析,采用遗传算法对桥梁多属性值为目标函数的决策问题进行了优化求解[16-18]。已有的维养优化研究中,研究者对算法的实现及性能的提升做出了诸多探索,但在实际问题中,不同工程的实际情况及环境有所区别,目标及约束对维养方案效果的影响仍待讨论。

维养规划问题可以视为有限容量的背包问题,在传统背包问题中,在背包容量有限的条件下,如何装入物品,能令背包中物品价值更高。维养问题中,桥梁性能指标标准即为背包容量(约束条件),维养成本即为包内价值(目标)。当仅考虑某一年度的维养动作时,维养优化模型可以视为单一背包问题。而在考虑整个维养周期时,背包被扩阶为多个背包,需要注意的是,前一年的维养动作影响未来的背包容量(桥梁状态)。

由于时间尺度的存在,解决方案一般围绕动态规划的求解方法,动态规划算法的核心思想是:将大问题划分为小问题进行解决,从而逐步获取最优解的处理算法。动态规划算法与分治算法类似,其基本思想也是将待求解的问题分解成若干个子问题,先解决子问题,然后从这些子问题的解得到原问题的解。与分治法不同的是,适用于动态规划求解的问题,经分解得到子问题往往不是相互独立的(即下一个子阶段的求解是建立在上一个子阶段的解的基础上,进行进一步的求解)。

维养模型参数主要来源于之前建立的六大库,即客体库、病害库、措施库、费用库、应急库与处置验收库。针对在役桥梁的维护需要解决安全(维护效应)和经济(维护成本)之间的矛盾,即需要寻找最优的维护方案,在保证结构安全适用条件下,尽可能提高桥梁的综合性能,使维护费用最低。为了达到这一目标,建立以下整体数学模型,并采用不同的方法来寻找最优解。

$$\min f(x,t)$$

$$s.t. \begin{cases} g(x,t) + \eta(t) \geq b \\ x_i \in \{0,1\}, \quad i = 1,2,\cdots,m \\ x = [x_1, x_2, \cdots, x_m]^T \end{cases} \quad (5.3\text{-}6)$$

其中,x 为维养决策的$\{0,1\}$变量储存向量;向量长度 m = 维养手段 × 维养周期;$f(x,t)$ 为维养费用函数;$g(x,t)$ 为维养效应函数;$\eta(t)$ 为桥梁退化模型。

基于以上数学模型,针对在役桥梁的维护问题,借助蒙特卡洛法、梯度搜索算法和群体智能算法等方法进行求解,以在保证结构安全的前提下,最大限度地提高设施的综合性能,并降低维护成本。

1)蒙特卡洛法

蒙特卡洛法是一类随机方法的统称,也称随机取样法。顾名思义,蒙特卡洛法就是大量地对决策变量随机取值——如果能在满足约束条件的前提下随机取值就更好了,通过比较其目标函数值来不断获得更好的解,最后就能得到近似的最优解。

蒙特卡洛法的特点是,可以在随机采样上计算得到近似结果,采样越多,越近似最优解,但无法保证得到的结果是不是全局最优解。可以证明,在一定的计算量的情况下,蒙特卡洛法可以获得较好的满意解。

2) 梯度搜索算法

梯度下降法是最为常用的最优化方法。梯度下降法实现简单,当目标函数是凸函数时,梯度下降法的解是全局解。一般情况下,其解不保证是全局最优解,梯度下降法的速度也未必是最快的。梯度下降法的优化思想是用当前位置负梯度方向作为搜索方向,因为该方向为当前位置的最快下降方向,所以也被称为最速下降法。最速下降法越接近目标值,步长越小,前进越慢。

拟牛顿法是求解非线性优化问题最有效的方法之一,其本质思想是改善牛顿法每次需要求解复杂的 Hessian 矩阵的逆矩阵的缺陷,它使用正定矩阵来近似 Hessian 矩阵的逆矩阵,从而简化了运算的复杂度。拟牛顿法和最速下降法一样只要求每一步迭代时知道目标函数的梯度。通过测量梯度的变化,构造一个目标函数的模型使之足以产生超线性收敛性。这类方法大大优于最速下降法,尤其对于困难的问题。另外,因为拟牛顿法不需要二阶导数的信息,所以有时比牛顿法更为有效。如今,优化软件中包含了大量的拟牛顿算法用来解决无约束、约束和大规模的优化问题。

3) 群体智能算法

与大多数基于梯度的优化算法不同,群体智能算法依靠的是概率搜索算法。遗传算法(Genetic Algorithm,GA)是模拟达尔文生物进化论的自然选择和遗传学机理的生物进化过程的计算模型,是一种通过模拟自然进化过程搜索最优解的方法。遗传算法模拟生物种群中优胜劣汰的选择机制,通过种群中优势个体的繁衍进化来实现优化。它有三个基本算子:选择、交叉和变异。

(1)选择

随机初始化种群后,种群中每个个体代表问题域的一个潜在解,选择出较优个体进行复制,这体现了达尔文自然选择中"适者生存"的原则。常用的选择方法有:轮盘赌、随机竞争选择等。

(2)交叉

选出概率较大的两个个体,通过染色体交换生成新的个体,交叉后的个体保留了父代基本特征。常用的交叉方法有:单点交叉、双点交叉和多点交叉等。

(3)变异

按照一定的概率对个体的某位置进行变异从而产生新个体,增加了种群的多样性,提高算法跳出局部最优的能力。常用的变异方法有:基本位突变、均匀突变等。

算法实现的关键在于适用度的确立,进化论中的适应度,是表示某一个体对环境的适应能力,也表示该个体繁殖后代的能力。遗传算法的适应度函数也叫评价函数,是用来判断群体中的个体的优劣程度的指标,它是根据所求问题的目标函数来进行评估的。适应度函数需满足:单值、连续、非负、最大化,合理、一致性,计算量小,通用性强。

其优点在于:具有很好的收敛性,编码简易,计算时间少;而缺点为:易过早收敛,陷于局部极值,三个算子大多靠经验选择。决策流程图如图 5.3-2 所示。

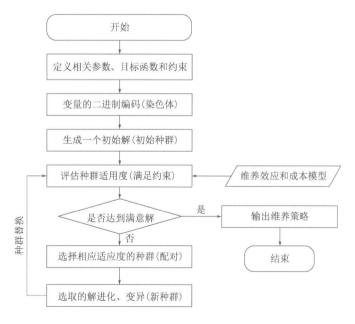

图 5.3-2　决策流程图

4) 应用案例

因港珠澳主体特大桥处于初步运营阶段,数据累计还需要一段时间,故选用港珠澳引桥85m简支变连续梁桥为例,演示算法流程。该桥梁在初始年份经过检修、替换关键构件等操作,结构技术状况等级均为Ⅰ级,桥梁退化过程采用马尔可夫退化模型,共有11种维养动作被选用在分析中。维养目标为桥梁各部位在50年内均处于Ⅰ类(技术状况等级80分)状态。以本项目提出的维养决策算法对该桥梁50年内维养动作进行决策优化。

首先对设施基本信息、维养规划要求及维养动作信息进行录入,并进行遗传算法初始参数导入。引桥整体分为上部结构、下部结构、桥面板及附属设施,采用遗传算法进行各部位的维养策略的规划,通过遗传迭代求取满足既定目标的最优解。

经过计算,设施总体及各部位在50年周期内的维养决策效果与自然退化结果对比效果如图5.3-3所示。

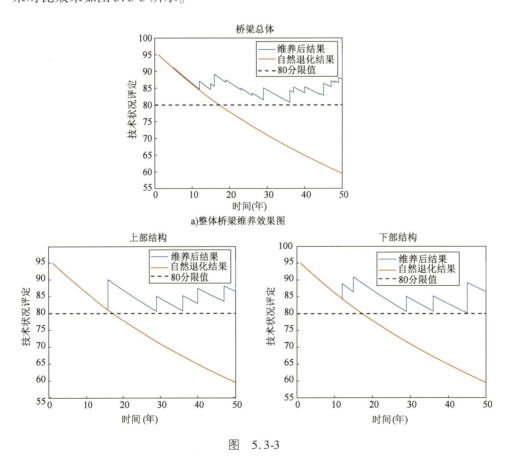

图 5.3-3

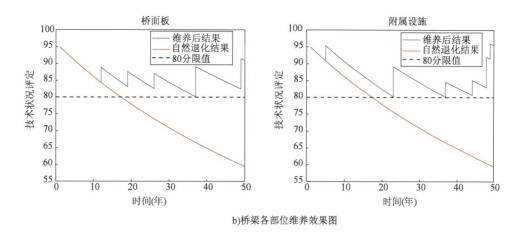

b)桥梁各部位维养效果图

图 5.3-3 维养决策效果图

图 5.3-3 中性能突变即为维养动作发生时刻。由图 5.3-3 可以看出,所提算法能在桥梁从部件到整体 50 年周期内,性能低于限值需要维养时,准确提出维养动作决策,无误报现象,且算法避免了过多维养动作的指令下达,冗余维养动作较少。

在 50 年周期内,桥梁 4 个部位中,判断当年是否维养共 200(4×50)次,以本维养决策模型得到的维养指令共有 72 个,其中有 59 次避免实际工程的性能低于预定标准;其余 128 次判断为不需要维养,其中 118 次的指令不会导致次年的性能超限。据此,建立判断维养决策效果的混淆矩阵如图 5.3-4 所示。

		实际	
		维养(1)	未维养(0)
预测	维养(1)	维养 59	不应维养 13
	未维养(0)	应维养 10	不维养 118

图 5.3-4 智能维养决策算法结果混淆矩阵

以该混淆矩阵即可得到维养决策模型的维养正确率及覆盖率:

$$Accuracy = \frac{TP + TN}{TP + TN + FP + FN} = \frac{59 + 118}{59 + 13 + 10 + 118} = 88.5\%$$

$$overage = \frac{TP}{TP + FP} = \frac{59}{59 + 13} = 81.949\%$$

(5.3-7)

其中,TP 表示维养,TN 表示不维养,FP 表示应维养,FN 表示不应维养。

5.4 本章小结

本章提出了智能维养决策模型,以解决在役桥梁维护中安全和经济之间的矛盾。该模型旨在寻找最优的维护方案,即在保证结构安全适用的前提下,尽可能降低维护成本并提高桥梁性能。通过遗传算法对提出模型进行求解,保证最终维养结果具有高度的正确率和覆盖率,为决策者提供了可行的工具和方法,以在保证结构安全的前提下,实现桥梁维护的最优方案。这对于提高桥梁维护效率和降低成本具有重要意义。

本章参考文献

[1] 中华人民共和国交通运输部. 公路桥涵养护规范:JTG 5120—2021[S]. 北京:人民交通出版社股份有限公司,2021.

[2] 王晓佳. 钢筋混凝土梁桥的退化模型与预测[D]. 上海:同济大学,2006.

[3] 许文政. 桥梁生命周期成本评估——构件劣化预测模式的研究[D]. 台北:台湾中央大学,2005.

[4] ROBERTS G O. Markov chain concepts related to sampling algorithms[M]. Markov Chain Monte Carlo in Practice,1st ed. New York:Chapman and Hall/CRC,1995.

[5] SOBANJO J O. A Neural Network Approach to Modeling Bridge Deterioration:Computing in Civil Engineering[C]. [s. l. :s. n.],1997.

[6] MIYAMOTO A. Development of a Bridge Management System (J-BMS) in Japan. First Us-Japan Workshop on Life-cycle Cost Analysis and Design of Civil Infrastructure Systems[C]. [s. l. :s. n.],2001.

[7] MORCOUS G,RIVARD H,HANNA A M. Modeling bridge deterioration using case-based reasoning[J]. Journal of Infrastructure Systems,2002,8(3):86-95.

[8] FANG Y,SUN L. Developing A Semi-Markov Process Model for Bridge Deterio-

ration Prediction in Shanghai[J]. Sustainability,2019,11(19):5524.

[9] STEWART S L M G. Reliability-based bridge design and assessment[J]. Progress in Structural Engineering & Materials,2010,1(2):214-222.

[10] TOKDEMIR O B,AYVALIK C,MOHAMMADI J. Prediction of Highway Bridge Performance by Artificial Neural Networks and Genetic Algorithms:17th International symposium on Automation and Robotics in Construction [C]. [s. l. :s. n.],2000.

[11] YANG S I,FRANGOPOL D M,KAWAKAMI Y,et al. The use of lifetime functions in the optimization of interventions on existing bridges considering maintenance and failure costs[J]. Reliability Engineering & System Safety,2006,91(6):698-705.

[12] SAYDAM,DUYGU,FRANGOPOL,et al. Risk-Based Maintenance Optimization of Deteriorating Bridges[J]. Journal of Structural Engineering,2015,141(4):4014120. 1-4014120. 10.

[13] MORCOUS G,LOUNIS Z. Maintenance optimization of infrastructure networks using genetic algorithms [J]. Automation in Construction, 2005, 14 (1): 129-142.

[14] MARSH P S,FRANGOPOL D M. Lifetime Multiobjective Optimization of Cost and Spacing of Corrosion Rate Sensors Embedded in a Deteriorating Reinforced Concrete Bridge Deck[J]. Journal of Structural Engineering,2007,133(6):777-787.

[15] FRANGOPOL D M,LIU M. Maintenance and management of civil infrastructure based on condition,safety,optimization,and life-cycle cost[J]. Structure & Infrastructure Engineering,2007,3(1):29-41.

[16] SABATINO,SAMANTHA,DONG,et al. Optimizing Bridge Network Retrofit Planning Based on Cost-Benefit Evaluation and Multi-Attribute Utility Associated with Sustainability[J]. Earthquake Spectra:The Professional Journal of the Earthquake Engineering Research Institute,2015,31(4):2255-2280.

[17] DONG Y,FRANGOPOL D M,SAYDAM D. Time-variant sustainability assess-

ment of seismically vulnerable bridges subjected to multiple hazards[J]. Earthquake engineering & structural dynamics,2013,42(10):1451-1467.

[18] DONG Y,FRANGOPOL D M,SAYDAM D. Sustainability of Highway Bridge Networks Under Seismic Hazard[J]. Journal of Earthquake Engineering,2014, 18(1):41-66.

# CHAPTER 6 | 第 6 章

港珠澳大桥智能维养系统

6.1 概述

近年来,随着计算机计算的发展,智能维养系统的建设思路逐步从信息化向数字化、智能化的方向发展。过去几十年来,国内外建设了大量的基础设施管养系统,以设施群为研究对象的管养系统包括:FHWA 开发的 PONTIS 及其网络版本 BrM 系统、欧洲路桥管理系统、日本桥梁管理系统及中国的 CBMS 系统等。这些管理系统均实现了设施基础资料的信息化管理,但是大多是基于图表的形式展示或检索数据,直观性不足,资产管理能力有待提升。在综合性能评估方面,美国的桥梁管理系统以多属性效用函数为支撑,综合考虑设施状态、失效风险等因素进行评分,而欧洲路桥管理系统还考虑路网对交通的影响,这方面是当前国内规范和管养工作所忽视的。需要指出的是,国外的网络级评估体系虽有可取之处,但对于港珠澳大桥跨海集群来说,集群本身是一条线路上存在不同的设施类型,任意工程单元的失效都会导致线路的瘫痪。因此,对不同单元建立统一的评估指标体系,忽略网络层级的设施集群总体性能评定,关注一体化评估框架下的工程单元性能,这对港珠澳大桥的适用性更强。在维养决策领域,美国和欧洲的管理系统以 Markov 和威布尔可靠度模型建立性能预测模型,综合考虑具体维养动作的费用和结构最低性能阈值,确定未来一定时期内的执行措施类型及时机,这是当前维养决策的普遍做法,但是港珠澳大桥各个工程单元之间相互耦合,在资源一定的条件下,如何合理地给各个工程单元分配资源是值得研究的。另外,在不同的时间尺度上,管理单位的关注点不同,比如短期内,管理单位的需求是可执行的具体的措施,而在中长期时间尺度上,则更关注维养资金的分配,建立合适的模型以兼容不同的管理需求是港珠澳大桥维养决策亟待解决的问题。

本书第 1 章介绍了智能维养领域相关技术及系统的研发现状,第 2 章至第 5 章分别从数据模型、领域知识、综合评估和维养决策方面论述了适用于港珠澳大桥的理论体系,本章以上述理论为指导,以建立松耦合、易拓展的系统为目标,开发智能维养系统。

智能维养系统以港珠澳大桥为研究对象,需要指出的是,港珠澳大桥工程规模庞大、结构复杂、构件繁多,海中主体结构处于高温、高湿、高盐的海洋腐蚀环境,在环境荷载和运营荷载耦合作用下,将加速其性能退化的进程,大桥全寿命周期的维护工作面临巨大挑战。智能维养系统通过检测、评定、决策和维养业务的智能化、专业化、标准化、数字化和科学化,实现跨海集群设施的全面管理(图6.1-1)。该系统采用了传统检测和智能感知(如无人机、无人艇、水下机器人、巡检机器人、爬壁机器人等)相结合的手段,以全方位三维立体感知的方式进行设施检测,辅以数据标准体系,形成了一套标准的结构化多源异构数据采集及管理方案。通过数字孪生模型的加持,实现了资产和数据的全要素数字化管理。系统以采集的病害数据为基础,结合知识库和推荐策略,建立了面向短期维养需求的工程清单,为制定维养工作计划提供依据。此外,系统建立了多粒度多维度的评估体系,综合考虑了设施的多源评估结果,以最准确地反映设施当前运营状况为目标。基于评估结果,系统制定了面向中长期时间尺度的维护规划方案和推荐策略,为设施维养提供了科学的指导。

图 6.1-1　港珠澳大桥智能维养系统设施群

6.2　系统架构

港珠澳大桥智能维养系统涵盖资产管理、检测、评定、决策及维养业务,涉及桥、岛、隧设施及各类管养人员,复杂的业务流程、庞大的设施群及多方协作是系统建设的难点。另外,港珠澳大桥跨海设施集群工程在勘查、设计、施工及运维过程中，积累了大量基础性资料，目前多以纸质或电子文档形式保存，各类数据之间的关联度低，缺乏有效管理，检索难度大且使用率低，难以高效支撑运维业务的开展。进入设施运营期，虽定期开展维养活动保障设施的安全，但执行维养业务缺乏统一的指导规则，落地效果因人而异，建立一套适用于跨海设施集群的维养体系和作业标准具有重要意义。另外，随着维养业务的开展，会产生并积累海量的多元异构业务数据，如结构化的实时监测数据、非结构化的检测数据，但数据量的增加并未带来价值的显著提升。另一方面，虽然多源数据经过特征提取可获得反映局部性能的量化指标，但港珠澳大桥跨海设施集群的评估缺乏统一的标准，如何管理指标、建立综合评估体系以合理的粒度反映设施的安全状况仍是亟待解决的问题。最后，设施的维养资源投入有限，如何利用现有的数据支撑，制定合理的资源利用方案，将有限的资源发挥最大的效用，依然是决策者面临的核心问题。

基于跨海集群设施的维养业务特点和管理需求，确立以延长港珠澳大桥服役寿命为系统建设目标，梳理了系统的核心业务、数据流转、应用模块和技术体系。

系统的核心业务是以资产管理、检测、评定、决策及维养需求为依据，形成如图 6.2-1 的业务体系。港珠澳大桥的全域感知体系主要表现在三个方面：设备方面，融合传统的感知设备，并引入无人机、无人船、爬壁机器人、排烟道机器人等多种智能感知装备；业务体系方面，打破了日常巡查和定期检查的壁垒，建立统一的业务执行及管理流程，依托标准制定适用于跨海集群设施的检测体系，规范作业行为，提升作业的标准化和专业化程度；资产管理方面，融合多源异构数据，以数字模型为底座，实现 573 万个土建结构单元、1 亿多条属性数据的初始化。以多源感知数据为基石，引入一体化评估理论，建立综合评估模块获取设施综合性能，并从不同时间尺度上回应用户的关注点，在短时间尺度上，以病害为核心，建立有限资源下的最优维修策略，在中长期的时间尺度上，重点关注设施性能，合理分配维养资金。

系统功能模块按照资产管理和业务在线分类（图 6.2-2），其中资产管理涉及土建设施管理、交通工程设施管理、维养装备管理和物资物料管理，业务在线涵盖检测、评定、决策、养护、管理和报警应用模块。初始化的资产管理模块作为管养业务执行的基础，随着设施运营时间的增长，管养业务形成的结论信息更新资产的属性信息，形成业务闭环。

第6章 港珠澳大桥智能维养系统

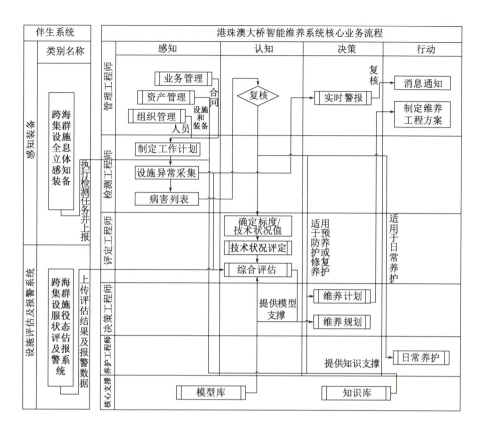

图 6.2-1 核心业务流程的泳道图

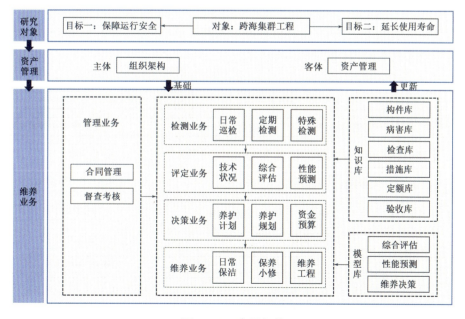

图 6.2-2 应用架构

系统的数据资产可分为两类(图6.2-3),一类是初始化阶段的土建、机电、装备和物资的静态数据资产,另一类是运营阶段的动态业务数据。运营阶段的动态业务数据包括以领域知识图谱为依托,建立的领域知识库;以综合评估、维养决策理论为支撑建立的模型库;运营阶段产生的病害、评估、决策和维修等业务数据。

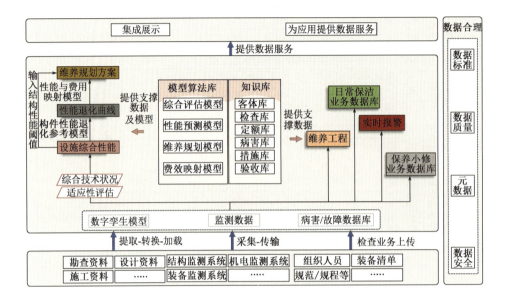

图6.2-3 数据架构

为了实现系统的功能,本系统建立以IoT平台、技术支撑平台和数据中台为基础的系统技术架构,如图6.2-4所示。

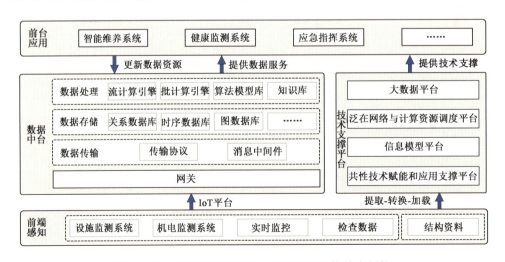

图6.2-4 智能维养系统及伴生系统的总体技术架构

6.3 资产管理模块

6.3.1 土建结构

土建设施资产管理旨在有效地盘点、管理和维护各种基础设施,包括桥梁、人工岛和沉管隧道。港珠澳大桥土建设施包含573万个结构单元,精细化管理海量资产是一个巨大的挑战。为此,借助数据模型的优势,通过数据模型初始化结构并展示每一个构件的几何形状、空间位置和结构关系等,如图6.3-1~图6.3-4所示。以钢箱梁为例,管理粒度细化到了每一条焊缝、每一组螺栓,以便精准定位和高效修复焊缝开裂、螺栓松动等这些钢箱梁的突出病害,细粒度构件信息如图6.3-5所示。截至目前,采集和录入的设计和施工信息多达1亿多条,土建设施资产管理的主要业务流程涵盖了多个关键方面,以确保基础设施的有效管理和维护。

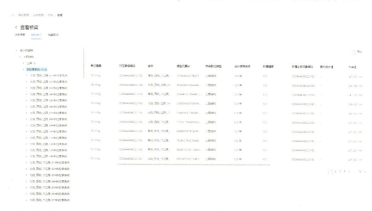

图 6.3-1 土建资产-桥梁

6.3.2 机电设备

机电设备资产管理可有效管理和维护各种工业设备、电子设备和机械系统。截至目前,机电设备数量超过46000台,对大量机电设备资产进行管理有助于确保设备的长期有效性、可靠性和安全性,降低维护成本,提高生产效率,为企业和组织提供可持续性的支持。机电设备资产如图6.3-6所示,机电设备可视化展示如图6.3-7所示。

图 6.3-2　土建资产-沉管隧道

图 6.3-3　土建资产-人工岛

图 6.3-4　土建资产可视化展示

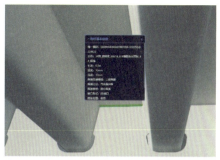

图 6.3-5　土建资产-细粒度构件信息

图 6.3-6　机电设备资产

图 6.3-7　机电设备可视化展示

6.3.3 维养装备

为了实现港珠澳大桥维养设备的科学管理并提升用户的使用便捷性,建立装备类型库、装备实例、装备组、装备管理和装备统计的多粒度管理机制,如图 6.3-8 所示。

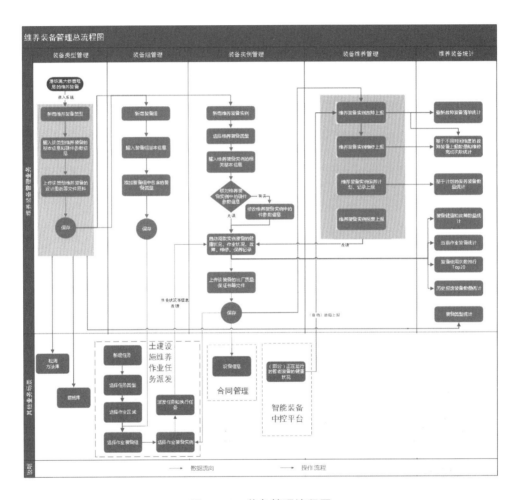

图 6.3-8 装备管理流程图

一般来说,同类设备会采购多个,为方便用户分类管理并简化装备属性信息初始化流程,抽象同类设备的共有属性并建立装备类型库,如图 6.3-9 所示。装备特有的属性可继承装备类型信息,建立装备实例库,如图 6.3-10 所示。

图 6.3-9　装备类型管理

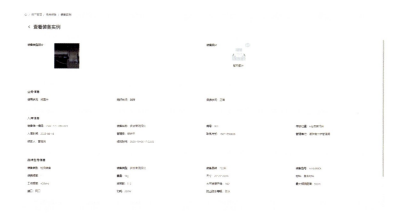

图 6.3-10　装备实例管理

根据维养实践经验和维养知识,建立满足不同维养任务的维养装备(设备)组合,形成维养装备组,如图 6.3-11 所示。

图 6.3-11　装备组合管理

维养装备发生故障时需要维修,在日常使用过程中也需要定期保养,达到使用寿命或其他难以继续服役情况后也需要向上级管理部门进行报废申请。系统开发了维养装备故障申报、维修申请、保养、报废申请模块进行统一管理,如图 6.3-12 ~ 图 6.3-15 所示。

图 6.3-12 装备使用管理-使用申请

图 6.3-13 装备使用管理-故障维修

为了使用户直观地了解装备的整体情况,系统从装备的健康状况、使用状况、保养状况等维度出发,给出状态的整体统计情况,如图 6.3-16 ~ 图 6.3-18 所示。

6.3.4 物资物料

应急物资是指在自然灾害、紧急事件、灾难或紧急情况发生时,用于维护生命安全、提供基本生活支持和应对紧急情况的各种物品和设备。这些物资在灾难或紧急事件发生时,能够迅速发挥作用,降低损失、保障安全,智能维养系统可实时监测各类应急物资的状况(图 6.3-19),为设施管养提供后勤保障。

图 6.3-14　装备使用管理-装备保养

图 6.3-15　装备使用管理-遗失报废管理

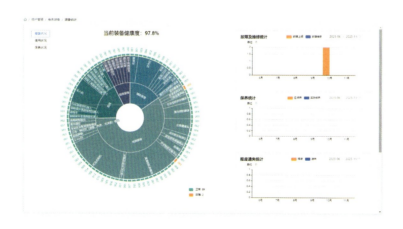

图 6.3-16　装备健康状况统计

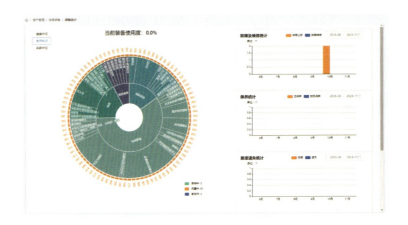

图 6.3-17　装备使用状况统计

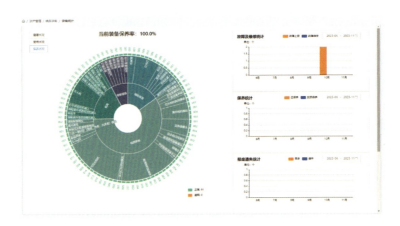

图 6.3-18　装备保养状况统计

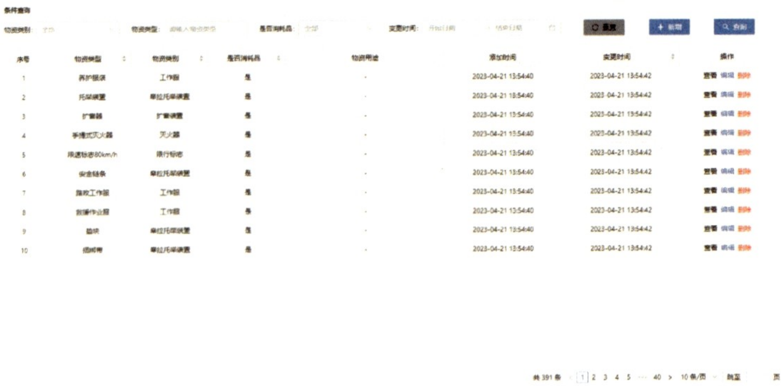

图 6.3-19　物资物料管理

6.3.5 资产盘点

港珠澳桥梁资产管理的范围包括土建设施（桥梁、沉管隧道、人工岛）、机电设备、维养装备及物资物料。方便、灵活、准确的资产检索功能是开展资产数据的结构化统计、资产更新、资产分析与决策等功能应用的基础。智能维养系统提供资产数量统计功能（图6.3-20、图6.3-21），支持进行数据挖掘和综合分析，支持开展设施使用性能和技术状况预测、维养规划等管理决策。

图6.3-20 资产统计-数据透视表1

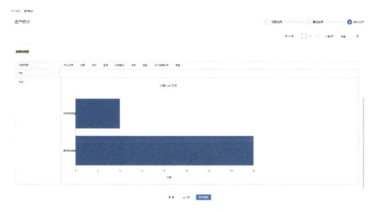

图6.3-21 资产统计-数据透视表2

6.4 检测业务模块

智能维养系统以维养业务数据标准为依据，融合领域知识图谱，集成智能维养装备检测方案，实现标准化、一体化的病害数据采集。

6.4.1 检测业务一体化

检测一体化业务打破了检测业务壁垒(巡检、定检、特检、专检等),建立标准化、规范化的病害信息采集与管理流程;支持智能检测装备、病害检测 App、WEB 等多源病害信息接入方式;基于病害的精细分类与精准定位,可实现病害发生、发展、处置的全过程追踪。

1) 标准化任务制定

通过提取不同作业类型任务的共性信息,包括检测对象、检测时间、检测人员等,制定标准化的任务派单流程,如图 6.4-1～图 6.4-4 所示。任务管理模块主要实现两方面功能:一是检测人员账号创建、权限管理、作业轨迹显示以及任务执行情况统计等。二是结合实际情况评定单元划分创建检测任务,以工作工单派发的形式分配检测任务,并通过系统下发检测任务至 App 移动端以及其他智能采集设备集控系统。巡检任务信息包含巡检计划以及对应的数据模型单元模型信息,巡检人员可基于下发的数据模型,快速定位病害的位置以及对应的构件。

图 6.4-1 工作计划-设施选择

图 6.4-2 工作计划-任务分解

图 6.4-3　工作计划-病害/装备选择

图 6.4-4　工作计划-任务指派

2）病害的统一管理

为了实现不同检测手段的一体化，系统制定了统一的病害数据标准，检测一体化系统将不同的检测业务、不同的检测方式得到的病害解析进入统一的病害库，实现对病害的标准化管理，同时根据巡查的结果，自动生成人员巡查记录以及病害巡查记录，极大提高了港珠澳大桥运营养护管理效率（图 6.4-5 ~ 图 6.4-7）。

图 6.4-5　多源病害的统一管理

图 6.4-6 病害分布

图 6.4-7 病害聚合

6.4.2 病害知识库

根据领域知识图谱的理论,各类病害发生在特定的结构对象上,病害与结构构件是多对多关联关系。智能维养系统为了提升用户体验,穷举各类构件与病害类型的组合,每一种组合为一条病害知识,形成病害知识库,如图 6.4-8 所示。

6.4.3 多源数据的集成与应用

港珠澳大桥智能检测装备包括箱梁外表面智能巡检机器人、箱梁内表面智能巡检机器人、高耸结构物巡检无人机、沉管隧道典型病害智能巡检机器人、无人检测船等。这些载具搭载高清相机、高光谱仪等检测仪器,能够对港珠澳大桥特定构件进行更全面的检测,依靠深度学习算法,对检测到的病害去重,极大地提高了病害的检出率及正确率,如图 6.4-9 所示。

第6章 港珠澳大桥智能维养系统

图 6.4-8 病害知识库

图 6.4-9 智能装备检测的病害

6.5 评定业务模块

港珠澳大桥建立了完备的资产管理和数据感知体系,为了克服单一来源数据评估结论片面性的问题,智能维养系统以综合评估理论为依据,建立可配置、易拓展的综合评估模型,开发以技术状况和适应性指标为指导的多粒度、多维度综合评估模块,获得反映当前结构的综合性能值。

6.5.1 技术状况评定

港珠澳大桥因特殊的设施类型和结构形式,在技术状况评定领域国内并无同类型跨海集群设施的相关实践经验参照,当前的桥梁技术状况评定标准是否能有效表征大型跨海钢/钢混桥梁的性能仍有待验证,人工岛和沉管隧道的技术状况评定尚无可靠的经验遵循。为综合考虑一系列的不确定因素影响,智能维养系统开发了评定单元自定义和规范配置的功能,以尽可能地适应评定标准的验证和完善历程,提高系统的扩展能力。

评定单元自定义(图6.5-1)是以结构解析为基础,用户可自由组合数据模型初始化的节点,以适应不同评定标准下的结构解析逻辑。但需要说明的是,该功能的适配能力也会受数据模型的粒度限制。

图6.5-1 评定单元自定义

桥岛隧评定标准在计算技术状况的细节上有所差异,系统中统一考虑了这些差异,并提供可配置的评定规范设置模块,用户可根据不同标准或未来更新的规范,自定义标准权值。标准权值分配如图6.5-2所示。

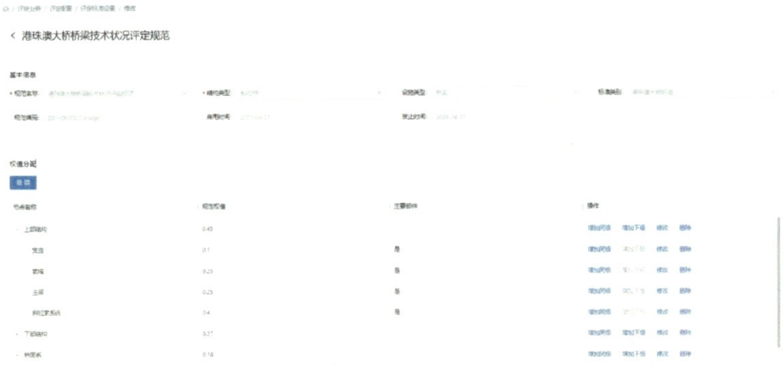

图6.5-2 标准权值分配

桥梁对构件上的病害存在标度和扣分项,这一点与隧道和人工岛不同,系统中提供病害标度设置和桥梁病害标度/评分的配置功能,如图6.5-3、图6.5-4所示。另外,港珠澳大桥在《公路桥梁技术状况评定标准》(JTG/T H21—2011)

的基础上,引入子病害的概念,系统也开发了配置模块,如图 6.5-5 所示。隧道和人工岛虽然没有明确的病害概念,但是为了一体化、标准化采集及病害可追溯的目的,从规范的技术状况值描述中提取病害,形成领域知识,并在岛隧病害配置模块中统一配置管理,如图 6.5-6 所示。

图 6.5-3　桥梁病害标度设置

图 6.5-4　桥梁病害标度/评分设置

图 6.5-5　桥梁子病害配置

图 6.5-6　岛隧病害配置

系统以 2020 年定期检查的结果为依据,通过将已检出的病害在系统中初始化,并确认标度或技术状况值,实现技术状况评定。对比定检报告与系统的技术状况评定结果(表 6.5-1),可以发现,两者存在一定的差异。

技术状况评定结果对比　　　　表 6.5-1

工程单元名称	技术状况（2020 定检）(分)	技术状况（系统评分）(分)
青州航道桥	96.83	96.37
江海直达船航道桥	97.39	97.13
九洲航道桥	95.88	96.43
西人工岛	95.63	96.44
东人工岛	96.13	95.8
沉管隧道	95.575	92.7
深水区非通航孔桥(K18+783~K27+253)	97.91	96.86
深水区非通航孔桥(K13+413~K17+263)		98.79
深水区非通航孔桥(K28+247~K29+237)		99.87
浅水区非通航孔 85m 组合桥梁(K34+435~K35+370)	98.36	98.75
浅水区非通航孔 85m 组合桥梁(K29+237~K33+742)		98.79
珠澳口岸互通立交的 C 匝道桥	95.23	95.70
珠澳口岸连接桥	98.26	98.23
西人工岛结合部非通航孔桥(左幅)	98.13	98.71
西人工岛结合部非通航孔桥(右幅)		98.85

续上表

工程单元名称	技术状况（2020定检）（分）	技术状况（系统评分）（分）
东人工岛结合部非通航孔桥（右幅）	98.29	98.06
东人工岛结合部非通航孔桥（左幅）		98.10
收费站暗桥	97.35	97.59
跨越崖13-1气田管线桥	99.64	99.64

为了更直观展示结构的性能，系统对不同粒度的节点，依据技术状况等级，用不同颜色渲染着色，达到直观展示的效果，如图6.5-7、图6.5-8所示。

图6.5-7　性能评估-技术状况（上部结构）

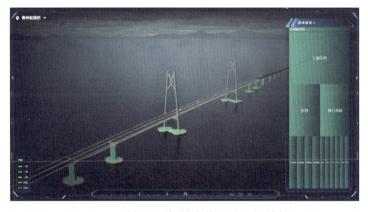

图6.5-8　性能评估-技术状况（下部结构）

以下举例说明产生差异的主要原因，据此表征系统的评分与定检报告评分虽有一定差异，但两者均是合理的。首先，2020年定检中的工程单元划分规则与当前系统的划分规则不同，体现在深水区非通航孔桥、浅水区非通航孔桥、东/西人工岛连接桥上，系统中的划分粒度更细。其次，构件的划分粒度不一致，这里以青州航道桥为例说明(图6.5-9),青州航道桥的栏杆和伸缩缝构件划分规则不同,其中定检报告的伸缩缝数量为4(划分左右幅),栏杆护栏数量为6(横向位置划分);系统中的伸缩缝数量为2(未划分左右幅),栏杆护栏数量为48(节段划分),因为构件数量不同,当存在扣分时,必然存在一定的分数差异。

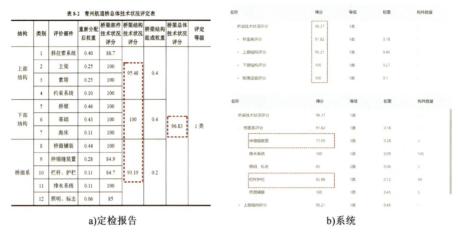

图6.5-9 青州航道桥技术状况评定差异

6.5.2 综合性能评定

按照桥岛隧综合评估的理论,设施综合评估模型应由技术状况和适应性两大指标构成评估框架,其中的适应性指标可根据不同设施差异和评估理论及技术的发展,不断更新迭代。基于上述需求,为了使系统具有更新能力,一方面,智能维养系统的综合评估模型提供配置功能(图6.5-10),用户可根据设施的当前状态,更改指标权值,以适应不同阶段的设施性能关注点;另一方面,系统提供指标自定义的功能,建立指标库(图6.5-11),以适应未来不断发展的评估框架。

图6.5-10 综合评估模型配置

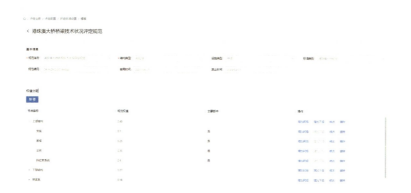

图 6.5-11　指标库

在综合评估模块下,系统通过接入多源的评估结果,可计算出结构的综合性能,利用不同颜色表征设施综合性能,如图 6.5-12 所示。

图 6.5-12　青州航道桥综合评估结果展示

为了对比技术状况和综合性能的差异,本书统计了典型设施的综合性能评定结果,对比结果见表 6.5-2。可见,各典型设施的综合性能均稍高于技术状况的评定结果,这是因为当前港珠澳大桥刚服役,其适应性评定指标的分数较高,经过加权计算后的综合性能指标稍高。随着设施运营年限的增长,设施的适应性指标必然会一定程度的劣化,此时综合评估的效果往往比技术状况的评定结果更具指导意义。

技术状况和综合性能评定结果对比　　　　表 6.5-2

工程单元名称	技术状况(系统评分)(分)	综合性能(分)
青州航道桥	96.37	96.65
江海直达船航道桥	97.13	97.51
九洲航道桥	96.43	96.73

续上表

工程单元名称	技术状况(系统评分)(分)	综合性能(分)
西人工岛	96.44	97.94
东人工岛	95.8	97.56
沉管隧道	92.7	97.08

6.6 决策业务模块

港珠澳大桥的设施体量大、种类多、服役环境恶劣、结构形式复杂,加之国内同类型的集群工程维养经验处于空白状态,如何制定合理的维养方案,科学地分配有限的养护资源,是管理单位亟须解决的问题之一。在此需求驱动下,系统建立了以资产保值、增值为目标,以中长期维养规划为指导,以检测评定为依据制定年度维养计划的新机制。

中长期维养规划依据设施性能现状与发展趋势开展预测性养护,逐渐取代修复性养护及预防性养护,实现设施全寿命周期维养经费最优配置。年度维养计划针对已查明病害,根据病害的严重性和所在构件的重要性进行分级和排序,并基于维养知识库提供包括维养方法和预算的完善维养方案。

6.6.1 维养规划

维养规划的本质是在既定的设施性能演变模式下,寻找最优的养护措施及时机,以获取最科学的资金分配并达到规划期内最优的设施性能,核心问题是如何建立高效、合理的规划模型。当前研究对象面临的问题是设施量大、优化变量多,即使规划粒度只到部件层级,其优化变量也难以接受,全局规划的计算压力较大且容易陷入局部最优解中。

为了解决计算效率和收敛难的问题,系统以多粒度多层级的维养规划模型为指导,该模型参考动态规划的思想,按照跨海集群工程的工程单元划分及结构解析规则,将大问题拆分为多层次的小问题,实现减少优化变量、提升计算效率的目标。为了验证模型的可行性,本节以青州航道桥、深水区非通航孔桥C和跨越崖 13-1 气田管线桥为研究对象,规划周期为 15 年,设施当前的性能评定结果为规划的初始参考。

1) 性能预测模型库

通过调研查找相同结构形式的结构对象的历史性能演变规律,获得部件性能预测模型中的马尔可夫状态转移矩阵的先验知识。系统集成性能预测的知识,形成性能预测模型库,部分结果如图 6.6-1 所示。这里需要指出的是,因为历史积累数据的限制,当前的模型启动参数并不一定能准确地反映港珠澳大桥的未来性能演变,但随着港珠澳大桥自身的评定及评估数据积累,利用系统的动态更新技术,可更新先验的状态转移矩阵,效果如图 6.6-2 所示。

图 6.6-1　主梁的状态转移矩阵

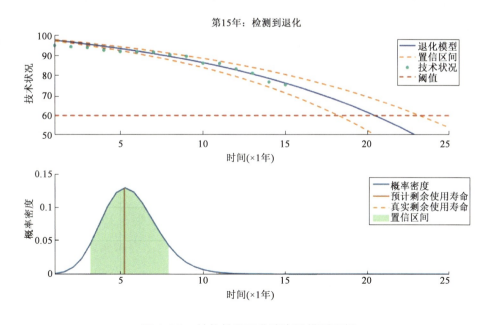

图 6.6-2　结构性能退化演变及模型更新

2) 费效映射模型库

根据纽约市管辖的762座桥20年历史维护费用数据,提取出使部件常年维持在某技术状况与所需维护费用之间的映射关系,如图6.6-3所示,其中纵轴是归一化的维养费用水平,1.0表示对于该部件能够达到的最高维养投入水平。基于该曲线,把各技术状况等级区间中点对应的费用水平作差,可以得到把部件等级从较低等级提升至较高等级所需费用的归一化因子。最终得到的费用比例因子矩阵,其中"5类→1类"对应的费用因子为1.0,代表对于失效部件进行完全替换的费用,认为该费用等同于部件造价。根据设施的合同造价,提取出费效映射矩阵,这里给出三座桥梁的费效映射矩阵计算原理,各部件的详细数据同理可得。

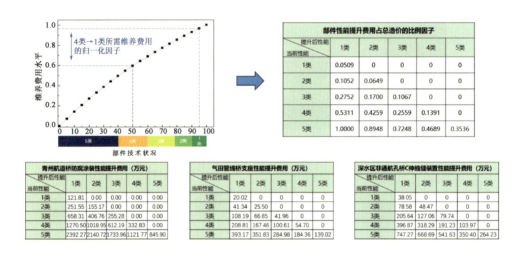

图 6.6-3 维养费用及效用矩阵

3) 多粒度多层级规划模型验证

为了对比全局优化模型、单体设施优化模型和多粒度多层级模型的性能及规划结果的科学性,首先计算无费用约束工况下,全局规划模型和基于单体设施规划模型的结果(图6.6-4)。通过对比可以发现,两种模型在15年规划期内,拟采用的措施及费用完全一致,仅在部分措施的执行时机上有微弱差异,可见两类模型在无费用约束情景下的规划结果合理且一致。

其次,计算存在费用约束工况下,以不约束费用的规划结果为参照,设置费用约束的上限为4000万元,全局规划模型和基于单体设施规划模型的结果如

图6.6-5所示。通过对比发现,两者在规划措施选择及费用分配上存在较大差异,且单体设施的规划方案合理性明显低于全局规划的方案,究其原因,主要是在费用约束前提下,单体设施规划的费用约束靠人工给定,因为三座桥当前的性能等级差异小,仅以工程造价作为划分费用约束的首要依据,未充分考虑部件在规划期内的性能演变差异,因此出现设施的费用分配不合理的情况。由此可见,存在费用约束时,全局规划模型相比单体设施规划模型的方案更合理,但需要指出的是,全局规划模型的计算效率相对更低。

图 6.6-4　无费用约束时,全局规划模型与单体设施规划模型的结果对比

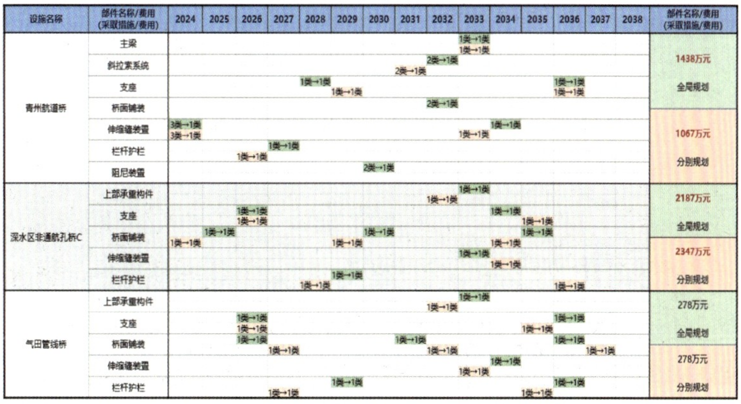

图 6.6-5　有费用约束时,全局规划模型与单体设施规划模型的结果对比

为了解决全局规划模型的计算效率问题,在相同的费用约束条件下,相同的计算机硬件下,利用分层规划模型计算规划方案,结果如图6.6-6所示。可以看出,全局规划模型与分层规划模型的结果完全一致,但分层规划模型的计算时间相比全局规划的计算时间缩短了三分之一,大大提升了计算的效率。

设施名称	部件名称/费用（采取措施/费用）	2024	2025	2026	2027	2028	2029	2030	2031	2032	2033	2034	2035	2036	2037	2038	部件名称/费用（采取措施/费用）
青州航道桥	主梁										2类→1类						1438万元 全局规划
	斜拉索系统									2类→1类				1类→1类			
	支座			1类→1类 1类→1类							1类→1类		1类→1类				
	桥面铺装							2类→1类									
	伸缩缝装置	1类→1类 3类→1类			1类→1类						1类→1类		1类→1类				1438万元 分层规划
	栏杆护栏	1类→1类											1类→1类				
	阻尼装置						2类→1类			2类→1类							
深水区非通航孔桥C	上部承重构件				1类→1类					1类→1类				1类→1类			2187万元 全局规划
	支座								1类→1类				1类→1类				
	桥面铺装			1类→1类						1类→1类				1类→1类			
	伸缩缝装置								1类→1类				1类→1类				2187万元 分层规划
	栏杆护栏				1类→1类					1类→1类							
气田管线桥	上部承重构件				1类→1类					1类→1类				1类→1类			278万元 全局规划
	支座			1类→1类					1类→1类				1类→1类				
	桥面铺装			1类→1类					1类→1类				1类→1类				
	伸缩缝装置				1类→1类					1类→1类				1类→1类			278万元 分层规划
	栏杆护栏				1类→1类					1类→1类				1类→1类			

图6.6-6　有费用约束时，全局规划模型与分层规划模型的结果对比

通过算例的对比发现，没有费用约束时，三类模型的规划结果趋向一致，存在费用约束时，分层规划模型在规划方案的合理性及计算效率上表现优越，是首选的计算模型。

4) 智能维养系统实现效果

智能维养系统通过调用和集成多粒度多层级的维养规划模型，形成设施的维养规划结果，并在业务总览中展示。维养规划如图6.6-7所示。

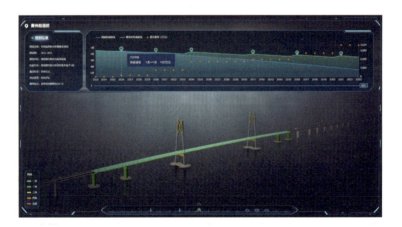

图6.6-7　维养规划

6.6.2　维养计划

1) 维养知识库

桥梁维养领域的要素包括构件、病害、检查方法、维养措施、维养定额与验收

标准。这些知识之间存在复杂的关联关系(图6.6-8)。某构件发生的某类病害会对应若干类维养措施,各类措施处治该病害时分别对应不同的定额单价;每一条"构件+病害类型+维养措施+定额"的关联组合即为一条维养知识,若干维养知识汇集在维养知识库中,如图6.6-9所示。

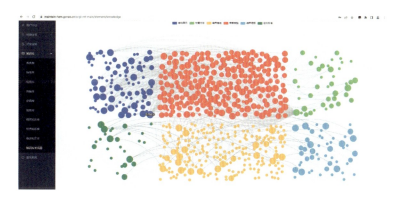

图6.6-8 智能维养决策系统知识库关系图界面

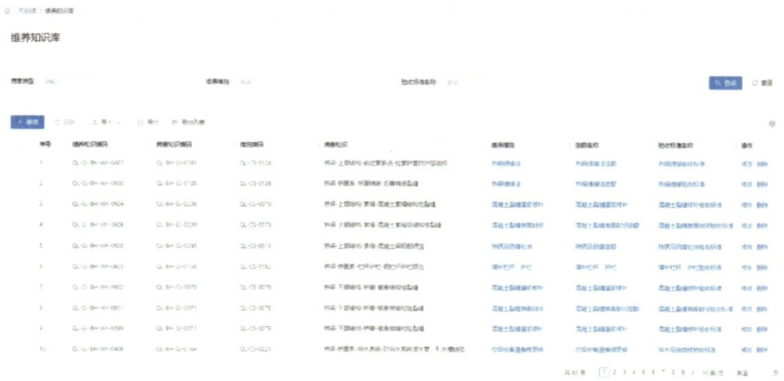

图6.6-9 维养知识库

建立维养知识库后,通过"构件+病害类型"的组合进行检索可以匹配到多条可选维养措施与相应定额单价,实现初步的自动推荐,但仅通过知识库推荐的维养措施可选范围较大,缺乏针对性,系统建立了维养措施自动推荐的策略库,养护工程师可结合病害实际状况选定最佳措施。

2) 维养计划模型的算例验证

在多时空尺度的维养决策机制下,维养规划和维养计划两套模型整体上是互补关系。维养计划作为短期维养决策,输出年度维养计划清单,涉及具体的病害类型、处治措施和费用预估等，对中长期维养规划实现了细化补充。中长期维养规划为多个结构单元在若干年度进行维养方案寻优，其运算结果更接近全局最优，实现了养护资源的优化配置，为维养计划中宜养护、可养护病害的处治方案提供了筛选依据。

为验证维养计划模型的效果，并结合维养规划模型实现多时间多尺度协同决策，分别以青州航道桥为例，在港珠澳大桥现有工况下稍做调整，模拟未来几年某一年度的场景进行维养计划试算，再以相应的维养规划结果对计划进行调整，最终的维养工程清单可用于指导维养工作实施。

青州航道桥 2027 年度维养计划见表 6.6-1。由于结构整体处于服役早期，病害都较为轻微，所有待处治病害的维养优先级均为可养护，此时应对清单所列病害进行选择性处治。青州航道桥 15 年期维养规划中，2027 年和 2028 年相继对桥面铺装、栏杆护栏和支座采取了维养动作（图 6.6-10），因此，在 2027 年度维养计划中挑选这三个部件的待处治病害进行优先处治，在该年度维养工程中体现（表 6.6-2）。

青州航道桥 2027 年度维养计划　　表 6.6-1

维养优先级	病害影响因子	部件名称	病害类型	预估维养费用（万元）
可养护	1.15	主梁	钢梁构件涂层劣化	50.16
可养护	0.72	桥面铺装	沥青铺装鼓包	36.12
可养护	0.67	斜拉索系统	拉索护套防护层破损	17.11
可养护	0.42	支座	组件或功能缺陷	7.56
可养护	0.38	阻尼装置	构件锈蚀	31.75
可养护	0.26	栏杆护栏	钢栏杆护栏锈蚀	5.98

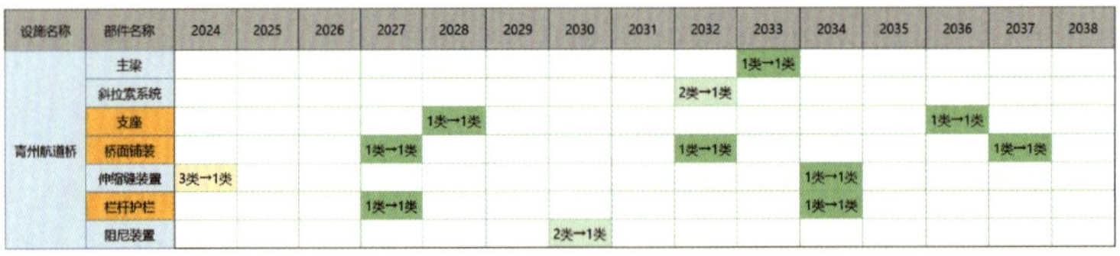

设施名称	部件名称	2024	2025	2026	2027	2028	2029	2030	2031	2032	2033	2034	2035	2036	2037	2038
青州航道桥	主梁										1类→1类					
	斜拉索系统									2类→1类						
	支座					1类→1类								1类→1类		
	桥面铺装				1类→1类					1类→1类					1类→1类	
	伸缩缝装置	3类→1类										1类→1类				
	栏杆护栏				1类→1类							1类→1类				
	阻尼装置							2类→1类								

图 6.6-10　青州航道桥 2024—2038 年维养规划

青州航道桥 2027 年度维养工程　　　表 6.6-2

维养优先级	部件名称	病害类型	养护预算（万元）
可养护	桥面铺装	沥青铺装鼓包	36.12
可养护	支座	组件或功能缺陷	7.56
可养护	栏杆护栏	钢栏杆护栏锈蚀	5.98
可养护	主梁	钢梁构件涂层劣化	50.16
可养护	斜拉索系统	拉索护套防护层破损	17.11
可养护	阻尼装置	构件锈蚀	31.75

3）智能维养系统实现效果

系统将病害分为应养护、宜养护、可养护三个优先级，病害排序是根据量化指标病害影响因子，对所有病害进行排序，宜养护、可养护病害按照这个顺序开展维修，直到经费用完为止。维养计划如图 6.6-11 所示。

图 6.6-11　维养计划

6.7　维养业务模块

港珠澳大桥的日常养护业务采用合同包干制，检测采集的设施异常上传至系统后，若复核认为满足日常养护中保养小修的标准时，养护工程师即可发起保养小修项目申报流程。系统中记录保养小修业务的全流程，从项目申报→派发任务单→项目实施→项目验收的全流程可追溯，实现闭环的业务管理。保养小修业务全过程管理如图 6.7-1 所示。

图 6.7-1　保养小修业务全过程管理

6.8　本章小结

　　港珠澳大桥智能维养系统以保障跨海集群工程运行安全、延长跨海集群工程服役寿命为目标。这个目标要求系统需覆盖维养业务全要素、打通维养业务全流程。智能维养系统中资产管理模块盘点清楚维养业务的主体与客体，为开展维养业务奠定基础。主体包括参加维养活动的企业、部门和个人，以及他们之间的职责分工；客体包括维养活动的对象、使用的工具与材料，对应着港珠澳大桥土建结构、机电设备、维养装备和物资物料四大类资产。维养业务流程包括检测、评定、决策和维修四个环节，分别对应着港珠澳大桥智能维养系统的检测业务模块、评定业务模块、决策业务模块和维养业务模块。检测业务模块利用多种终端采集结构病害与设备故障信息，作为了解跨海集群工程服役状态的依据；评定业务模块通过桥、岛、隧的技术状况评定与综合性能评定，揭示跨海集群工程的服役性能与状态；决策业务模块通过长期维养规划与年度维养计划，辅助管理人员科学合理地安排维养活动；维修业务模块实现维修、养护活动在线审批与闭环管理。

CHAPTER 7 | 第 7 章

结语

7.1 理论方法创新

（1）建立了结构解析的多层次扩展模型，涵盖了工程结构、评定单元、部位、部件、构件和子构件等多个层次，能够适应桥岛隧跨海集群工程的结构拆分需求。在此基础上，构建了跨海集群工程长期性能指标体系，为跨海集群工程维养提供了统一的性能指标和性能目标。

（2）建立基于深度学习模型的面向非结构化文本的知识抽取方法，提出了基于加权余弦相似度的知识融合方法，建立了跨海集群工程维养领域知识图谱，并被集成应用到港珠澳大桥智能维养决策系统，可为跨海集群工程智能维养决策系统提供知识支撑。

（3）建立了"定性描述+定量描述+图形标杆"的病害分级评定标准，为港珠澳大桥技术状况评定提供了评定依据；提出了基于粒计算的桥岛隧一体化评估理论，综合技术状况与适应性定义了设施综合性能，并分别建立了桥、岛、隧适应性评定的指标和权重体系。既保证了桥、岛、隧服役性能评定体系的统一性，又充分考虑了桥、岛、隧结构形式和功能需求的特殊性。

（4）对于结构短期的维养计划，建立了考虑部件重要性和病害严重程度的养护策略优先排序模型，对于结构长期的维养规划，通过长期监测与检测数据驱动，建立了能准确预测结构劣化行为的韦伯模型和马尔可夫模型。结合遗传算法，建立了智能维养决策优化系统，在桥梁全寿命周期内，实现了维养规划的长期有效性及智能性。

7.2 技术开发创新

（1）跨海集群工程信息模型底座的构建方法与标准。该信息模型底座以多粒度信息模型为基础，以结构单元ID为索引整合大规模多样性静动态数据。建立了涵盖维养业务全要素的知识库、涵盖维养业务全流程的数据标准及标准化的病害信息采集与管理制度,保障多源异构数据的规范性与可靠性。

(2)病害信息采集与管理标准化。智能维养系统实现了检测业务一体化(包括定检、巡检、专检、特检),并基于统一的病害库实现了病害演化过程的追踪。

(3)涵盖维养业务全过程和打通软硬件数据流转链条。研发了涵盖资产管理、检测评定和预测决策以及养护维修等维养业务全过程的智能维养系统,实现了软件系统与智能检测及维修设备的互联互通。

7.3　工程应用创新

(1)资产管理。建立了结构单元在百万级别的港珠澳大桥集群工程的多粒度信息模型,有利于支撑病害的定位,能够实现对桥岛隧集群工程的精细化资产管理。

(2)数据全流转、业务全覆盖、工作全流程。以数据中台为基础,汇聚整合各种静态及动态异构数据,实现了数据在各业务系统和硬件设备之间的自由流转。智能维养系统涵盖了港珠澳大桥维养的所有业务,并且实现了每个业务在工作流上的闭环管理。

(3)维养决策。提出了以中长期维养规划为指导,以检测评定为依据制定年度维养计划的决策机制。维养规划中,建立了由知识与数据驱动更新的性能预测模型,根据设施性能劣化趋势提供预测性养护策略。维养计划中,提出了评比病害维养优先次序的病害影响因子,并结合病害知识库提供具备可执行性的养护方案。

索 引

A

资产管理　asset management ……………………………………… 155,163

C

综合评估　comprehensive evaluation ………………………………… 119,122

D

数据模型　data model ………………………………………………… 3,22-39
数据标准　data standard ……………………………………………… 40-41
深度学习　deep learning ……………………………………………… 52,56

E

实体识别　entity recognition ………………………………………… 54-61

H

港珠澳大桥　Hong Kong-Zhuhai-Macao Bridge …………………… 22-23

I

智能检测　intelligent detection ………………………… 91,164,166,185
智能维养系统　intelligent maintenance system …………… 11,150-154

K

知识图谱　knowledge graph ………………………………………… 4,52-69
知识存储　knowledge storage ………………………………………… 67

M

马尔可夫模型　Markov model ·· 128-129
维养决策模型　maintenance decision-making model ······················ 135
维养计划　maintenance plan ·· 178-180

T

技术状况评定　technical condition evaluation ······························ 7,9-10

W

韦伯模型　Weibull model ··· 132-134